おもしろ文明開化百一話

～教科書に載っていない明治風俗逸話集～

鳥越一朗

まえがき

日本史上の大変革というと、大化の改新、鎌倉幕府の成立、明治維新、太平洋戦争の敗戦などいくつかあげられようが、庶民の風俗に大きな変化を与えたという点では、何といっても明治維新が一番であろう。

維新に伴う文明開化によって、和服が洋服になり、チョンマゲが散切りになり、帯刀が丸腰になり、肉食が解禁になった。それは今を生きる我々の生活に直結する変化だった。

不平等条約の改正に向け、明治新政府はとにかく西洋諸国に追いつき追い越せと、矢継ぎ早に欧化政策を打ち出した。朝令暮改も辞さないその勢いは、薩長を中心とする若い（少し前まで攘夷を叫んでいた）元志士たちが、政府の要職に就いていたせいでもあろう。

実際、明治維新の時期がずれたり、新政府の構成メンバーが変わったりしていたなら（それは十分ありえた話である）、その後の文明開化のありようはずいぶん変わったものになっていたはずである。

ともあれ、日本はアジア諸国では類を見ない早期の近代化に成功する。「西洋では二百年かかった近代化を、日本は七、八年で達成しようとしている、実に驚くべし」という在日イギリス人の感想が、明治七年（一八七四）の新聞記事に見える。

しかし、その裏で振り回されたのは庶民たちであった。彼らは、急激な欧化政策に、ある時は戸惑い、ある時は率先して従い、またある時は徹底して拒絶した。そして、その過程において、現代人から見れば珍奇であったり、滑稽であったりするエピソードがたくさん生まれたのだ。

本書は、そうした庶民たちにまつわる「おもしろ話」を集めたものである。幸い、明治初頭から瓦版に代わって新聞や雑誌が雨後のタケノコのように続々と創刊された。その紙面は、いわば庶民社会の写し絵である。本書では、当時の新聞記事等の中からも興味深いものを取り出し、分かりやすく意訳して紹介した。

今でこそ、何と浅はかな、とつい笑ってしまう話も多いが、結果的には抜群の順応力を示した彼らへのオマージュを感じていただければ幸いである。

むしろ、近代文明の行き詰まりが取り沙汰される今日、文明開化の風潮の中で、我々のごく近い先祖たちが、どんな反応を示し、如何なる行動をとったか、それを知ることは、新たな文明社会を考えるうえでも、おそらく意味のあることであろう。

平成二十九年　十二月吉日

鳥越一朗

目次

装い

1 男の洋服～犬に吠えられる～ …… 16
2 女の洋服～アヒルが文庫を背負ったよう～ …… 19
3 散切り～吊るされた数百の髷～ …… 21
4 束髪～乃木将軍が嘆いた「二百三高地」～ …… 24
5 お歯黒禁止～電信普及でぶり返し～ …… 26

食

6 牛鍋～角のない「午肉」～ …… 28
7 カレーライス～カエルがネギ背負った?～ …… 31
8 ビール～「ビヤホール」は和製英語～ …… 34

9 牛乳～ブリキ缶で配達された～……36
10 コーヒー～牛乳の臭みを消す香料だった～……39
11 ラムネ～殴るのに便利だったラムネ瓶～……41
12 氷水（かき氷）～五稜郭から氷を運ぶ～……43
13 煙草～熾烈な広告合戦～……45

住・街

14 擬洋風建築～日本人大工の独創性～……48
15 ガス灯～占いによって灯った？～……50
16 アーク灯～昼と見まがう明るさ～……52
17 凌雲閣～日本初のエレベーターは釣瓶式～……54
18 奇怪な人造富士～暴風でもろくも崩れた張りぼて展望所～……57

生活

19 石油ランプ～普及が進むと国が亡ぶ？～ …… 59
20 銭湯～日に九十回も入浴した男～ …… 61
21 太陽暦～間違えられた婚礼の日～ …… 63
22 定時法～難しかった時計の見方～ …… 66
23 マッチ～お化けと勘違いして気絶～ …… 69
24 勧工場～明治のショッピングモール～ …… 71

身分

25 華族～探偵が不祥事を捜査～ …… 73
26 士族の商法～落語のネタがごろごろ～ …… 75
27 苗字～いい加減な命名法～ …… 77

28 結婚〜破綻した「契約結婚」〜 …… 78

治安

29 廃刀令〜摺子木を腰に〜 …… 82
30 仇討ち禁止令〜それでも父の仇を討つ〜 …… 84
31 徴兵令〜頻発した徴兵逃れ〜 …… 86
32 巡査（邏卒）〜あだ名は「三尺棒」〜 …… 89
33 事件簿一〜毒婦〜 …… 91
34 事件簿二〜暗殺〜 …… 94
35 事件簿三〜ピストル強盗〜 …… 96
36 消防〜作動に時間のかかった蒸気ポンプ〜 …… 98

交通

37 一銭蒸気〜年間二百万人が利用〜 …… 100
38 陸蒸気〜年寄りが手を合わせる〜 …… 102
39 人力車〜日本人が発明した文明のリキ〜 …… 105
40 鉄道馬車〜都電の軌道幅に痕跡が残る〜 …… 108
41 自転車〜初期には様々なタイプがあった〜 …… 111
42 電車告知人〜走りながら通行人に危険を知らせる〜 …… 113
43 道路事情〜武士も納得の左側通行〜 …… 115
44 軽気球〜ラッキョウのお化け？〜 …… 117

通信・郵便

45 電信〜電線に手紙をぶら下げる〜 …… 120

46 郵便～ポストがトイレに～ …… 123
47 電話～「もしもし」ではなく「おいおい」～ …… 125

情報

48 新聞～前代未聞のお葬式～ …… 127
49 雑誌～硬派と軟派～ …… 131
50 写真～賊将の偽ブロマイド～ …… 133
51 天気予報～人気を呼んだイラスト入り予報～ …… 136

文化・流行

52 兎ブーム～ペットというより投機～ …… 138
53 サーカス～人気を博したチャリネ曲馬団～ …… 140
54 裸体画～人垣ができるほどの騒ぎに～ …… 142

55 小説家～ズボラ者の集まり～ 145
56 博覧会～暑さで溶けたお菓子～ 148
57 新派～役者募集に応募者殺到～ 150
58 娘義太夫～明治のアイドル～ 152
59 活人画～奇妙な芸能～ 154

音楽

60 洋楽～喝采を浴びた薩摩藩軍楽隊による演奏会～ 157
61 蓄音機～初めて録音された日本人の声～ 159
62 唱歌～日本人の心にしみる「ヨナ抜き」～ 161

公共施設

63 公園～キツネやタヌキ、「妖物」が出没～ 163

64 動物園～トラとヒグマを交換～ 165
65 鹿鳴館～スキャンダルにまみれた文明開化の代名詞～ 167

遊び・スポーツ

66 競馬～馬券の代わりに切手～ 169
67 体操～女子の活発化を増長？～ 171
68 ボウリング～チョンマゲ姿でピンを立てる～ 173
69 運動会～きっかけになった「競闘遊戯会」～ 176
70 水泳～乙姫か清姫か、女子の泳ぎ～ 178

国際

71 ラシャメン～羊に例えられた女たち～ 180
72 お雇い外国人～当たりはずれの大きかった～ 183

73 移民～どさくさ紛れの人身売買?～……186

政治

74 東京遷都～遷都ではなく奠都?～……189
75 廃藩置県～当初は三百五もあった府県数～……192
76 官員～あだ名はナマズ～……196
77 地租改正～囚人を使って暴動を鎮圧～……198
78 裁判～間男に杖打ちの刑～……200
79 違式詿違条例～明治の軽犯罪法～……204
80 演説～美人弁士に求婚者殺到～……207

経済

81 新紙幣～金毘羅の御札と間違えて神棚に～……210

82 西郷札～争奪戦が起こるほどの人気～ …… 213
83 銀行～百五十三もあった「国立銀行」～ …… 215
84 財閥～丸の内に虎を飼う？～ …… 217
85 生命保険～寿命が保証される？～ …… 219
86 工女～外国人に生血を吸われる？～ …… 221

性風俗

87 芸娼妓解放令～「牛馬ときほどき」と称された～ …… 223
88 混浴～何度禁止されても無くならなかった～ …… 226
89 春画～貸すのはＯＫ？～ …… 229

教育

90 小学校～子供を集めて生血を絞る？～ …… 231

91 師範学校～女子にも開かれた教師養成機関～……233
92 女学校～ファッショナブルな「海老茶式部」たち～……234
93 東京大学～卒業式をボイコットした東大生たち～……237

宗教

94 廃仏毀釈～火葬、托鉢までが禁止に～……240
95 キリスト教容認～明治八年のクリスマスパーティー～……243

医療

96 医者～和製アバクネイル～……246
97 看護婦～憧れの「白衣の天使」～……248
98 コレラの流行～不吉な「黄色いハンカチ」～……252
99 ペスト～懸賞金を稼ぐ鼠捕り男～……255

100 脚気～治療法を巡って漢方医と西洋医がバトル～ 258
101 養育院～「帝都の恥隠し」と揶揄された～ 261

まえがき 2
関連年表 264
主な参考文献 272
奥付 275

装い

1 男の洋服～犬に吠えられる～

文明開化はまず日本人の外見を変えていく。江戸時代後期の男の服装と言えば、武士では裃《かみしも》（羽織袴《はおりはかま》）、平民は小袖《こそで》が基本であった。幕末になって開国が進むと、幕府は長州征伐を機に西洋式の軍服を導入するようになる。最後の将軍・徳川慶喜《よしのぶ》がナポレオン三世から授かったフランス式の軍服を着て、さっそうと直立する写真は有名だ。

一方、諸藩も同様の動きを見せ、攘夷を標榜《ひょうぼう》する薩摩藩の海軍や長州藩の奇兵隊も、洋式の軍服を取り入れている。軍服は基本ツーピースであり、上着は袂《たもと》のない筒袖《つつそで》、ズボンは袴を細く縛った段袋（ダンブクロ）が使用された。

慶応三年（一八六七）の暮れ、鳥羽伏見の戦いの直前に勤皇軍の観兵式が京都で行われた時、伊東祐麿《すけまろ》率いる薩摩海軍の一隊がイギリス式の軍装（フランスを頼った幕府に対し、薩摩藩はイギリスの支援を受けていた）で登場すると、

「そんな姿で天皇の御前に出るとはけしからん」という声が、強硬な攘夷派から上がった。

あわや伊東は切腹か、という緊迫した空気になったが、王政復古の主導者の一人である西郷隆《さいごうたか》

盛《もり》が出てきて、

「ダンブクロが悪けりゃ、洋式訓練はもっといけまい」と一喝して、事態は収束したという。

近代の戦争は総力戦であり、戦国時代の鎧《よろい》兜《かぶと》姿はもはや時代遅れであることを、幕府も諸藩もよく承知していたわけだ。実際、鳥羽伏見の戦いに端を発した戊辰《ぼしん》戦争では、新政府軍、旧幕府軍とも洋服を着ての戦いとなったのである。

しかし、一般男性の洋装化は、維新が成った後もなかなか進まなかった。明治政府は、開化政策の一環として、明治四年（一八七一）八月九日、「散髪制服略服脱刀随意ニ任セ礼服ノ節ハ帯刀セシム」という太政官令を出す。

いわゆる散髪脱刀令であるが、これは散髪と脱刀の自由を認めるとともに、洋服を着てもいいよ、という緩いお触れであった。したがって、まだまだ及び腰の者が多かっ

明治初期、帯刀時代の珍服装（宮武外骨「明治奇聞」）

ただろう。

翌明治五年に男性の宮廷服である大礼服がヨーロッパの宮廷服風のものに定められ、その後、警察、郵便、鉄道、官庁の制服が順次洋服になると、ようやく好奇心旺盛な者や新しもの好きから洋装化が進んでいった（洋服着たさに鉄道員の希望者が増えたという話もある）。

もっとも、明治九年（一八七六）に廃刀令が出されるまでの男の洋服姿には、奇妙奇天烈《きみょうきてれつ》なものも多かったようだ。シャツとズボンを着用しているのに大小を差し、頭はチョンマゲで下駄を履いているとか、逆に頭は断髪、足元は靴を履いているが、着ているものは羽織袴であるとか。動物の進化に例えるなら、クジラになりかけのカバ、コウモリになりかけのネズミといったところだろうか。

明治七年（一八七四）四月二十九日の『新聞雑誌』は、そんな様子を「珍しき滑稽画を見るがごとし」と嘲笑する、外国人発行の新聞（独逸新聞）の記事を紹介している。また、明治九年（一八七六）七月六日の『東京曙《あけぼの》新聞』には、「仙台辺りの往来では、洋服を着た者を見かけると、たちまち犬が吠えかかる」という記事が見える。

当時の犬にとっても、洋服は目新しい存在ではあったろう。しかし、彼らが吠えたのは、おそらくそれだけではあるまい。「洋服を着た者」の風体が相当怪しかったからに相違ない。

2 女の洋服〜アヒルが文庫を背負ったよう〜

女性の洋装化は、男性に比べるとほとんど進展しなかった。それには、政府関係者を含め日本男性の、いくら文明開化とはいえ、女はやはり和風がいいとする女性観があったろうし、教育機会の少なかった日本女性の側も、洋服に対する抵抗感が強かったに違いない。

そんな中、明治五年（一八七二）一月の『日要新聞《にちよう》』に次のような記事が出ている。

「稀有《けう》の物好きな者もいるようで、東京坂本町の芸者小みさの妹せいらんは、歳十四ばかりだが、中国風の剃頭《ていとう》に洋服を着用し、月琴《げっきん》を携えて客に招かれ、酒席でもてはやされているそうだ。ある人の句。人まねに芸者もさるの歳はじめ」

前後して、京都、長崎でも芸者が洋服を披露する「事件」が起こっているが、洋装女性の出現はもっぱら水商売関係に限定されたようで、進取の精神に富んだ女性の出現というより、オーナー側の客寄せ戦略だったのかもしれない。

その後も一般女性はほとんど洋服に無縁であり、女学生ですら洋装を憚《はばか》って、むしろ、それまでは日本男性の服装であった袴姿を流行らせた。ただ上半身は、小袖などの和服をベースにしつつも、下着のシャツやショール、ハンカチーフなどささやかな洋物を取り入れ、おしゃれを楽しんだようである。

唯一、明治十年代後半の鹿鳴館時代に、上流階級の日本女性がバッスル・スタイルのドレスで舞踏会に登場する。バッスル・スタイルとは、十九世紀後半から二十世紀初頭にかけてヨーロッパで流行した本格的な西洋ファッションで、ウェストをグッと絞り、腰の後ろのほうだけを膨らませた衣装デザインである。

しかし、日本女性の体形や所作にこうしたドレスは馴染《なじ》まなかった。内股で尻を振る歩き方がチグハグで、外国人にはもっぱら不評。「アヒルが文庫を背負ったよう」とけなされた。

もっとも、鹿鳴館での夜ごとの舞踏会は、不平等条約の解消に向けた国策の一環であり、それを無理矢理背負わされた彼女たちを嘲笑するのは酷というものだろう（この時期、政府要人も女は和風が良し、とばかりは言っていられなかったのである）。

日本女性の間に洋装が広まるのは、不幸にも関東大震災（一九二三年）と白木屋大火（一九三二年）がきっかけであった。多くの和服女性が犠牲になった被害の実態から、ズロースの着用を含めた、災害に対応しやすい洋服への転換が進んだのである。

バッスル・スタイルの日本女性たち
（明治21年須藤南翠「緑蓑談」）

3 散切り〜吊るされた数百の髷〜

文明開化を象徴する最たるものといえば、何はさておき散切り頭《ざんぎりあたま》であろう。「散切り頭を叩いてみれば、文明開化の音がする」のフレーズは小学生でも知っている。「半髪頭（チョンマゲ）を叩いてみれば、因循姑息《いんじゅんこそく》の音がする。総髪頭《そうはつあたま》を叩いてみれば王政復古の音がする」に続く俗謡《ぞくよう》の一節だ。

さて、チョンマゲという世界史的に見ても異端な髪形は、戦国時代の終わりに始まったらしい。兜をかぶる武士が、頭が蒸れないように月代《さかやき》を剃《そ》るようになったといい、江戸時代になって広く武士や平民男性の間で定着した。

特殊な風習だからこそ、余計改めるには抵抗が大きかったのかもしれない。明治四年（一八七一）八月九日に散髪脱刀令が出たあとも、チョンマゲの断髪はなかなか進まなかった。

総髪は幕末に流行した月代を剃らずに後ろで束ねる髪形で、頻繁に髪の手入れをする経済的余裕のない志士や浪人などが取り入れた。坂本龍馬や木戸孝允《たかよし》、大久保利通《としみち》、伊藤博文《ひろぶみ》、近藤勇《いさみ》も皆総髪である。

総髪の者は髪形が中途半端なだけに、チョンマゲの者ほどには断髪に抵抗感がなかったのではないか。実際、木戸、大久保、伊藤らは維新前後に早々と断髪している（冒頭の俗謡は、布告の三ヵ月前に木戸孝允が、広報のため新聞に載せたものとされる）。

しかし、断髪に対する一般庶民の抵抗は根強く、明治六年（一八七三）三月には敦賀《つるが》県（現福井県）で断髪脱刀令に反対する一揆が発生し、六人が騒乱罪で死刑に処された。一方、同じ三月に明治天皇が自ら断髪、八月には滋賀県が「チョンマゲを切らない者に税金をかける」という布告を出した。

同年九月、岩倉具視《ともみ》率いる使節団が欧米から一年十ヵ月ぶりに帰国するが、出発時一人チョンマゲだった岩倉具視は、途中シカゴで断髪し、すっきりした散切り頭に変身していた。そんなこんなで、ようやく散切り頭は全国に広がり出したようである。

断髪を請負う散髪屋として、明治二年（一八六九）に早くも「西洋散髪司」、「西洋髪刈所」といった看板が横浜に上がる。目ざとい髪結屋が居留地の外国人から洋風理髪のノウハウを学んでいたのだ。

ただ、そういう機会に恵まれない地方では、床屋の技術力不足で様々な「珍髪形」を誕生させたようだ。明治六年六月二十五日の『東京日日新聞』によると、「愛知県下では散髪の種類が甚だ多く、尋常散髪あり、坊主あり、四隅を剃った円座頭あり、中央に窓した河童《かっぱ》頭あり、前頭に溝筋のある曲突《きょくとつ》頭あり」といった具合であったらしい。

また、明治十年（一八七七）の『大阪絵入雑誌』第三号には次のような記事がある。

「東堀下大和橋西入の髪結床では、切った男の髷を数百個吊るしてあるそうだが、開業してからここで開化風の斬髪に改めた衆生の黒髪か、あるいはこのほど戦地へ出陣した抜刀隊が、決

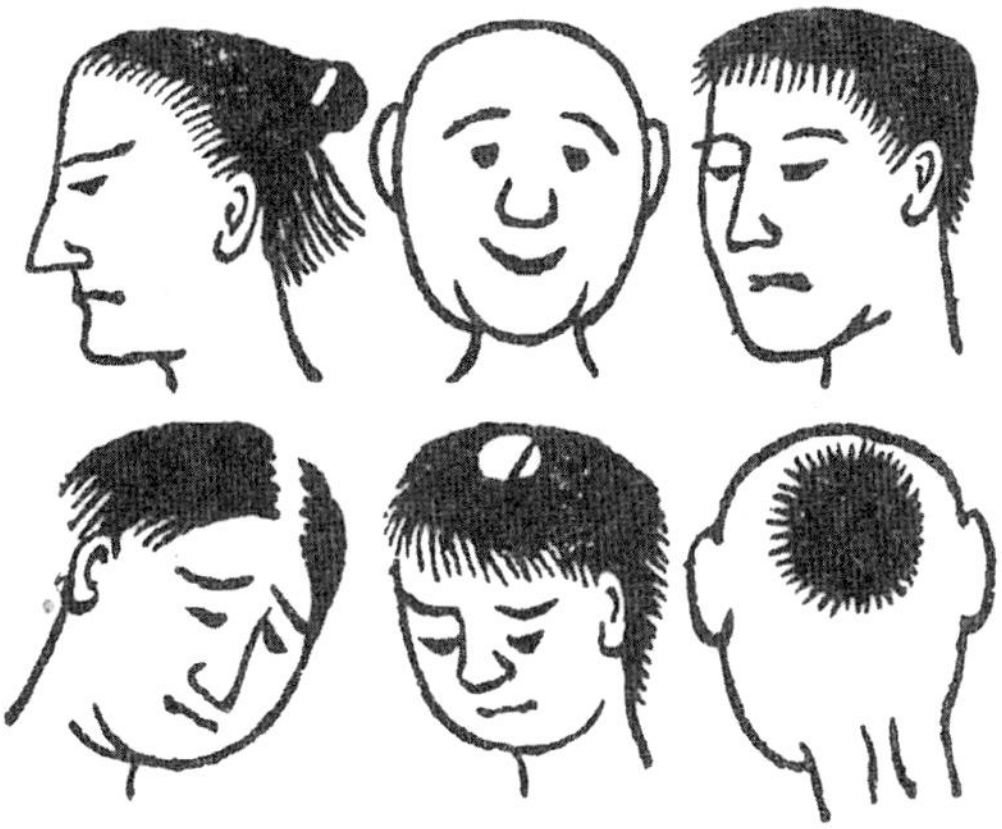
様々な散切り頭（「明治奇聞」）

死の覚悟をもってこの床屋で一度に断髪したものか、云々」

抜刀隊とは、西南戦争時に警察官からの選抜により編成された白兵戦部隊である。記事では、この奇妙な光景を店主の洒落心だろうとしているが、むしろ、散切り頭の量産によって開化政策に貢献していることをアピールする招牌《しょうはい》（看板）だったようにも思える。

ところで、断髪の副産物として流行したものに帽子（シャッポと呼ばれた）がある。髪を切って頭が涼しくなったから、といわれるが、頭を剃る月代のほうがよっぽど涼しかったのではあるまいか。

あるいは、散切り頭を見られるのが恥ずかしくて、「照れ隠し」の意味合いがあったのかと思いきや、石井研堂《けんどう》著『明治事物起源』によると、明治九年（一八七六）に天皇の東北巡幸があった際、福島県郡山で開拓功労者二十余人が拝謁《はいえつ》に及んで脱帽したところ、チョンマゲの者が数名いたという（帽子はチョンマゲ隠しのため？）。

ともあれ、断髪の普及に伴い、シルクハット、パナマ帽、ヘルメット帽、鳥打帽《とりうち》など多種多様な帽子が人気を呼んだ。

4 束髪〜乃木将軍が嘆いた「二百三高地」〜

江戸時代、女性の日本髪の髪形は、年齢によって移り変わった。少女時代は稚児髷《ちごまげ》、十五、六になると桃割《ももわ》れ、結婚するまでは島田髷、結婚すると丸髷、という風に。

明治四年（一八七一）八月九日に出された「散髪勝手たるべし」という布告（散髪脱刀令）は、あくまで男性を対象としたものであった。ところが、女も対象と勘違いして断髪する女性が全国で相次いだ。

明治四年十一月の『横浜毎日新聞』に、西京（京都のこと）二条新地で、散髪洋装で座敷に出て人気を博した七人の芸妓のことが、「開化芸妓」として取り上げられている。

しかし、「女は衣装髪かたち」と言われた時代。また、欧米の女性も衣髪を自ら飾るということで、批判が続出した。明治五年（一八七二）三月の『新聞雑誌』に次のような記事がある。

「近頃、女子で断髪する者を往々見かける。もとより、古来日本の風習にはなく、西洋文化の諸国においても未だかつて見ないことで、その醜体陋風《しゅうたいろうふう》は見るに堪えない。女子は従順温和をもって主とする者なので、髪を長くして飾りを用いることこそ万国の通俗であり、いかなる主意によって黒髪を切り捨てるのか。開化の姿とか色気を離れるとかで、すました顔をしているのは実に片腹痛き業である」

こうした批判を受け、明治五年四月、東京府は「婦女子の断髪禁止」の高札を立て、同年十二月には婦人の断髪に罰金を科す条例を定めている。そして明治六年（一八七三）二月、ついに政府が婦人断髪禁止令を公布したのであった。

以後、女性の断髪は収まったが、明治十八年（一八八五）になって、医師の渡辺鼎《かなえ》や雑誌編集者の石川暎作《えいさく》らによって「大日本婦人結髪《けっぱつ》改良束髪《そくはつ》会」が結成される。束髪とは西洋婦人のヘアスタイルにならった髪形のこと。日本髪は油を大量に使い、また不衛生だということで、束髪を広めようという趣旨の会であった。

その結果、徐々に束髪がブームとなり、西洋上げ巻、西洋下げ巻、英吉利《いぎりす》結び、まがれいと、夜会巻き、庇髪《ひさしがみ》、二百三高地など、様々なタイプのヘアスタイルが考案された。「二百三高地」とは、前髪をひさしのように張り出し、頭頂部を高く結い上げる独特の髪形で、その形状から日露戦争の激戦地の名がつけられたものである。

ロシアの旅順要塞に近い二百三高地の攻略戦が行われたのは、明治三十七年（一九〇四）十一月から十二月にかけてである。その作戦を司令官として指揮し、戦後学習院院長に収まっていた乃木希典《のぎまれすけ》は、華族女学校（現学習院女子中・高等科）にまで「二百三高地」が流行する事態を嘆いていたそうである。自らの責任で五千人もの死者を出した激戦地の名を、女学生が軽々しく口にするのが我慢ならなかったのだろう。

「二百三高地」を結った女性
（宮武外骨「滑稽新聞」）

5

お歯黒禁止〜電信普及でぶり返し〜

お歯黒は、古代から存在した女性の化粧法の一種で、酢酸に鉄を溶かした鉄漿《かね》と呼ばれる液とタンニンを含む五倍子《ごばいし》で、歯を黒く染めるものである。平氏の武士や戦国武将などは、首を取られても見苦しくないよう、化粧とともにお歯黒を施すこともあったようだ。しかし江戸時代には、お歯黒をするのは(引き眉とともに)、ほぼ既婚女性に限られていた。

お歯黒は柔和《にゅうわ》な美しさを醸し、口臭・虫歯予防の効果もあると考えられていたが、初めて見た欧米人は、男のチョンマゲ以上に度肝《どぎも》を抜かれたようだ。イギリスの初代駐日総領事、ラザフォード・オールコックなどは、わざと醜くすることで、既婚女性の浮気を防止したのではないかと推測している。

新政府は、この風習を野蛮国の象徴と考えて、明治三年(一八七〇)二月五日、皇族・貴族に対してお歯黒禁止令を出した。明治六年(一八七三)には、政府令に基づき皇太后・皇后もお歯黒と引き眉を取りやめ、以後お歯黒は、世の中から消えていった。

しかし、強烈な個性と時代劇の影響からか、その名は時代を超えて生き残り、今の若い人や子供でもお歯黒は知っている。イカスミパスタを食べた後、「お歯黒状態」と冗談を言うのは若い女性の定番である。

ただ、明治三年(一八七〇)に電信の普及が始まると、一時未婚女性の間でお歯黒が逆に増えた地域があった。『新聞雑誌』五十三号に次のような記事がある。

「今般取り付けられた電信線について、安芸長門《あきながと》（広島・山口県）辺りにおいて種々の邪説が生じ、機線をもって音信用便を通じるのは、正にキリシタンに違いなく、かつ機線には女子未婚者の生血を用い塗るため、軒口に記した戸数番号の順に処女を召し捕えるとの風伝が起こり、処女にして俄かに歯を染め、眉を下す者あり云々」

絶縁のため電線に塗るコールタールを処女の生血に見誤った?流言であり、それを真に受けた未婚女性は、こぞってお歯黒にして、既婚者（非処女）を装ったのだという。

ところで、お歯黒の衛生上の効果の有無はどうだったのだろう。明治四十四年（一九一一）の『都《みやこ》新聞』の人生相談欄に、結婚したばかりの婦人が、姑《しゅうとめ》の勧めでお歯黒にしたものの、友人に笑われたこともあり、衛生上害があるかどうか相談している（山田邦紀著『明治の人生相談』）。

それに対する回答者の答えは、

「どちらかといえば、害になる方でありましょう。しかし、歯の掃除をよくせねば、つけぬにしても害をします」というもの。結局はよく分からなかったのだろう。

食

6 牛鍋〜角のない「午肉」〜

文明開化はまた、日本人の食生活も大きく変貌させた。最も大きな変革は肉食が始まったことだろう。江戸時代までの日本は、殺生を禁じる仏教の影響から、肉食の風習が根付かなかった。天武四年（六七五）に肉食禁止の詔が発布されて以降、歴代の天皇によってたびたび肉食禁止令が出されている。

もっとも、シカやイノシシ、野鳥などの狩猟鳥獣は禁止の対象から除外され、非日常的に食されていたようで、江戸時代には、そうした肉を扱う「ももんじ屋」と呼ばれる店もあった。

幕末、開国によって外国人が入ってくると、当然牛肉の需要が発生する。西洋人は肉がなければ夜も日も明けない。黒船では、生きた牛、羊、鶏、七面鳥などを飼い、料理のたびに殺して食べていたという。

だが、居留地《きょりゅうち》（外国人の居住・営業が許された地域。箱館、東京、神奈川、新潟、大坂、兵庫、長崎にあった）ではそれだけでは足りず、本国から輸入もしたようだが限界があった。

そこに目を付けた中川嘉兵衛《かへえ》という日本人が、横浜の元町で食肉の販売を初めた。そうなると、日本の美食家たちも牛肉に食指を動かし始めるが、日本人の口に合う料理法が未だ無かった。そこで登場したのが牛鍋である。

牛鍋の発案者は不明のようだが、醤油と砂糖で煮る極めて日本的な調理法であったので、どんどん愛好者が増えていった。明治政府は、西洋化を進めるため（富国強兵策の面からも）、肉食を奨励する。肉食禁止を解除する詔こそ出なかったが、明治五年（一八七二）一月、明治天皇が自ら牛肉を食したことで、事実上肉食は解禁となった。

やがて、牛鍋は文明開化の象徴の一つとしてもてはやされ、江戸生まれの戯作者《げさくしゃ》、仮名垣魯文《かながきろぶん》は、明治四年（一八七一）から同五年にかけて著した『牛店雑談 安愚楽鍋《あぐらなべ》』の中で、「牛鍋食わぬやつは開けぬやつ」と書いた。魯文は、幕末から明治の初めにかけて活躍し、『政談青砥 碑《あおとのいしぶみ》』、『滑稽富士詣』、『西洋膝栗毛』など、世の中を茶化した著作で名を成した。

その魯文が、当時の牛鍋の異常な流行をむしろ肯定的に捉えているのである。ともあれ、明治十年（一八七七）頃には、東京市内に牛肉屋は五百軒以上もあったようだ。

これだけできると、狡猾な店も当然出てくる。宮武外骨《みやたけがいこつ》著『明治奇聞』によると、明治十五年（一八八二）頃、東京四谷に「午肉」と看板を上げた店があり、そこへ入った客が、出てきた料理に馬肉が混じっているのに気づき、

「不埒至極《ふらちしごく》じゃ、主人を呼べ」と騒いところ、出てきた主人が「誰が牛肉と申し上げましたか。うちの看板には『午肉』と書いてあります。牛の字は角が出ていません」と弁じたので、客は閉口

したという。本来なら「馬肉」と書くべきところを、あえて「午肉」と書いて、客の錯覚を誘ったのだろう。

一方、急速な肉食の広がりに危機感を持つ者もいた。天皇の肉食開始直後の明治五年（一八七二）二月、御嶽行者《おんたけぎょうじゃ》十名が皇居に乱入し、うち四名が射殺されるという事件が起きる。彼らの動機は、西洋人の渡来以後、肉食が盛んになったせいで、神の居所が穢《けが》れるというものであったらしい。

仮名垣魯文著「安愚楽鍋」の挿絵（明治4〜5年）

7 カレーライス～カエルがネギ背負った？～

牛鍋は牛肉こそ使用しているが、味付けは日本風であるから和食の部類に入る。西洋料理の日本人への普及はどのように進んだのか。

日本初の西洋料理店は、文久三年（一八六三）に長崎で開業した「良林亭」とされる。店主は長崎生まれの料理人、草野丈吉《じょうきち》で、明治の著名な実業家である渋沢栄一《しぶさわえいいち》や五代友厚《ごだいともあつ》がパトロンに付いたという。

その後、居留地に造られたホテル内などに西洋料理店ができはじめ、明治五年（一八七二）には、現存する最古の料理店とされる「築地精養軒」がオープンした。

明治四年（一八七一）十月の『横浜毎日新聞』に「東京数寄屋河岸の西洋料理店千里軒には、美麗なる婦人三人を置き、奇麗な筒袖の衣服を着せしめ、西洋婦人の袴を履かせ、髪飾りは日本風なる……」という記事があり、黎明期の西洋料理店の雰囲気が見て取れる。

しかし、こうした西洋料理店はメニューがもっぱらコース料理であったため、客層の主流は外国人であり、日本の一般庶民には敷居が高かったようだ。

『明治事物起源』に、明治二年（一八六九）に横浜で開業した西洋料理店の話として、四苦八苦する日本人客の様子を紹介する、次のような記述がある。

「スープを吸おうとして胸から膝にしたたかこぼし、ナイフの先に肉片を刺し、これを頬張らんとして唇を切り、流血淋漓《りんり》たる如き云々」

まどろっこしい食事マナーが、日本人に西洋料理をとっつきにくいものにさせていたのだろう。

明治五年（一八七二）に『西洋料理指南』（敬学堂主人著）、『西洋料理通』（仮名垣魯文著）といったレシピ集が出版され、国民の西洋料理への関心がようやく高まっていく。そうした中から、日本人好みにアレンジされた「洋食」が誕生した。

ポークカツレツ、カレーライス、オムライス、エビフライ、コロッケなどで、中でもカレー

西洋料理の食事風景（明治5年「西洋料理指南」）

ライスは、軍隊に取り入れられたこともあって人気が広がり、「国民食」と呼ばれるほど、日本人にとって欠くことのできない料理となる。

ちなみに、初めてカレーライスを食べた日本人は、元会津藩士でのちに東大総長となる山川健次郎で、それは明治四年（一八七一）、彼がアメリカへ留学に向かう船中のことであった、とされている。

カレーの調理法が初めて日本の文献に現れるのは、前述の『西洋料理指南』においてである。そこには、「ネギ、ショウガ、ニンニクをバターで炒め、ニワトリ・エビ・タイ・カキ・ニワトリ・アカガエルなどを加えてよく煮たあと、カレー粉、小麦粉を入れる」とある。

ネギが使われているのは、タマネギ、ジャガイモ、セイヨウニンジンといった西洋野菜がまだ簡単には手に入らなかったからだ。「鴨葱《かもねぎ》」ならぬ「カエルがネギを背負って」いたのである。カエルカレーとはなんとえぐい、と考えるのは早計のようで、カエルを食材として使用するフランス料理の影響があったらしい。

カレーライスは徐々に西洋料理店や食堂の人気メニューとなり、明治の後期にはカレーうどん、カレーそばも考案されて大衆化されていった。もっとも、家庭料理としての定着は、即席カレーが誕生する戦後を待たねばならなかった。

8 ビール～「ビヤホール」は和製英語～

嘉永六年（一八五三）、ペリーが来航した際、幕府の通訳がビールの饗応を受けたそうだ。ビールに対するその通訳の印象はどのようなものだったか。

時代は下って明治三十五年（一九〇二）七月二十日の『時事新報』に、田舎者が東京に出てきて、初めてビールを飲んだ時、「ひゃーこりゃ冷だ、おまけににげいや」と叫んでいる、絵入の風刺記事が載っている。おそらくは、それと似たようなものであったろう。

江戸時代の日本人は一年中もっぱら燗酒を飲んでいて、明治に入ってからも地方ではそうであったろうから。

ともあれ、西洋人のビール党は、ビールが切れればすぐに禁断症状を呈したに違いない。居留地で彼らは、本国からビールを輸入して喉《のど》を潤していたが、やがて、それでは飽き足らなくなったのか、自分たちでビールの醸造を始める。

明治二年（一八六九）頃、横浜居留地のウィリアム・コプランドというノルェー出身のアメリカ人と、エミール・ビーガントというドイツ人が、協力して横浜横手の天沼《あまぬま》にビール醸造所を作り上げた。ビールのためにアメリカとドイツが手を組んだのである。

この醸造所が日本初のビール工場とされ、ここで作られたビールは「天沼ビール」と呼ばれて、遠く上海まで輸出されたらしい。

恵比寿ビヤホールの風景（明治32年9月23日「団団珍聞」）

やがて、日本人もビールのうまさに目覚めたのだろう、明治五年（一八七二）に大阪で渋谷庄三郎が「シブタニビール」を、翌明治六年には野口正章が甲府で「三ツ鱗《うろこ》印ビール」を醸造発売し、その後も各地でビール会社が生まれた。

『明治事物起源』によると、上記のほか明治二十年（一八八七）頃までに、テーブルビール、ストックビール、信濃ビール、桜田ビール、ライオンビール、アングラビール、ニッシンビールといった銘柄が見られたようだ（アングラビールとはまた怪しげなビール名だが）。

ところで、生ビールを提供するビヤホールができるのはずっとのちのことで、明治三十二年（一八九九）に、東京新橋の袂に日本麦酒株式会社が開業した「恵比寿《えびす》ビヤホール」が最初とされる。恵比寿ビヤホールは大繁盛し、多い時には一日に八百人もの客があり、遠くから馬車に乗って訪れる客もあったそうだ。

ビヤホールという名称は、開店時に創業者から店名について相談を受けた農商務省商品陳列館長の佐藤顕理《へんり》が付けたとされる。佐藤はアメリカ帰りの、自ら「ヘンリー佐藤」と名乗るハイカラな人物だった（本名は重道）。

もっとも、ビヤホールは単に「ビヤ」に「ホール」をつなげた和製英語であった。在日外国人らは首を傾げたに違いないが、その盛況にあやかってか、以後、ミルクホール、甘味ホール、お汁粉ホールなど「ホール」付きの命名がブームとなった。

9 牛乳〜ブリキ缶で配達された〜

牛が家畜として日本に持ち込まれたのは、古墳時代のことのようである（馬のほうが早く渡来したとされる）。だが、その後仏教が伝わると、牛肉同様牛乳もあまり利用されることはなくなった。江戸時代においても、牛乳は薬用（白牛酪《はくぎゅうらく》など）として、一部の人に飲まれる程度であった。

幕末、外国人によって乳牛と搾乳《さくにゅう》法が伝えられ、文久三年（一八六三）には横浜大田町で前田留吉が牛乳販売業を始めている。

この少し前、アメリカのハリス初代駐日公使が下田で体調を崩した時、栄養を補給するため、芸者の唐人《とうじん》お吉《きち》に牛乳を手配させている。ちなみにお吉は、ハリスから日本人看護婦の斡旋を頼まれた地元の役人が、看護婦が何たるかを知らず、妾のことと勘違いしたために、ハリスにあてがわれたといわれる。

明治になると、政府は畜産を奨励し、榎本武揚《えのもとたけあき》、山県有朋《やまがたありとも》、副島種臣《そえじまたねおみ》、大久保利通《としみち》、大鳥圭介《おおとりけいすけ》、由利公正《ゆりきみまさ》といった政府要人も搾乳業に参入した。禄を失った武士が搾乳業を始めることが多かったからで、彼らに範を示そうとしたのか、あるいは自らのリスクヘッジのためであったのか。

当時の牛乳はもちろん、搾《しぼ》ったままの生乳《せいにゅう》である。牛乳を飲むと、外国人のように髪が赤く、目が青くなるという俗信もあり、一般庶民の拒否感は強かったが、明治四年（一八七一）に天皇が牛乳を日に二度飲まれると報道されると、見方が変わっていく。

『西洋料理指南』にも「牛乳は毎朝一合ばかり飲むべし。たとえ倹約するとしても、七日間に一度は必ず飲むべし」との記述があり、また明治五年（一八七二）七月には、京都府が「牛乳は内を養い、石鹸は外を潔くし、大に養生に功あるにつき云々」という牛乳飲用の勧誘文を出すなど、官民挙げて牛乳の有用性のPRが行われた。

その結果、牛乳の普及は徐々に進み、家庭向けの配達も始まった。明治十一年（一八七八）、牛乳の配達にはブリキ缶を使用することが定められる。牛乳瓶には懐かしさを覚える世代も、ブリキ缶とはちょっと意外なのではないか。

薄鉄板に錫《すず》を被覆《ひふく》したブリキは、江戸時代にオランダ人によって伝えられていたが、高価なため余り普及しなかった。しかし、明治に入ると、文明開化の流れの中で、缶詰や玩具、バケツなどあらゆる用途に使われるようになるのだ。

牛乳配達人は、襟《えり》に「牛乳」と染められた半纏《はんてん》を着、大きなブリキ缶に牛乳を入れ、とっくりのような「小型ブリキ缶」に小分けして配達に回った。家庭では、この小型ブリキ缶からカップに注いで（あるいはコーヒーと混ぜて）飲んでいたようだ。

牛乳の配達に、より運びやすく衛生的なガラス瓶を使用することが定められるのは、明治三十三年（一九〇〇）のことである（牛乳営業取締規則）。

牛乳配達人（明治27年1月10日「風俗画報」）

10 コーヒー〜牛乳の臭みを消す香料だった〜

コーヒーは、元来アラブ人の飲み物であったものが、十七世紀にヨーロッパへ広まり、江戸時代に日本にも伝えられている。「昔、アラブの偉いお坊さんがっ」で始まる西田佐知子の『コーヒールンバ』の歌詞は、故あることなのである。

しかし、江戸時代の日本人にコーヒーは受け入れられなかったようだ。天明期（十八世紀）の文人・大田南畝《なんぽ》などは「焦げ臭くて味ふるに足らず」と切り捨てている。嗜好品として長く茶に親しんだ日本人からすれば、「ちょっと違う」という感じだったのだろうか。

日本の庶民がコーヒーを口にするようになるのは、明治に入って開化政策が始まってからである。居留地のホテルなどで、西洋人がコーヒーを嗜《たしな》む姿は、すこぶる開化的に見えたのだろう。当初、コーヒーは「豆茶」というもっちゃりした名前が付けられたようだが、すぐに「加非」「架啡」「珈琲」の字が当てられ、原語の音で呼ばれるようになった。

明治元年（一八六八）にはコーヒー豆の正式な輸入が始まり、明治五年出版の『西洋料理指南』にはコーヒーの飲み方、淹《い》れ方が紹介されている。そこには、漉《こ》し用器なるものが図示され、「カフェーは、大さじ一つを懸《か》け子に投入し、熱湯を注ぎ云々」とあり、今のコーヒーメーカーと変わらない方式だったようである。

明治九年（一八七六）、写真家として有名な下岡蓮杖《れんじょう》が浅草でコーヒー店を開業、十一年に

東京のコーヒー店（明治20年3月30日「改進新聞」）

は神戸の芳香堂もコーヒー店を開いているが、本格的な喫茶店ができるのは意外に遅く、明治二十一年（一八八八）四月に上野黒門町に開店した「可否茶館」が日本初ということである。

この店の経営者は、外務省、大蔵省に勤めていた鄭永慶《ていえいけい》で、彼は一般人や学生、青年のための知的な社交サロンを目指して、「可否茶館」を開業したというから、正に今の喫茶店の先駆けだったのだ。

ところでコーヒーは、牛乳とセットで普及が進んだ面がある。『西洋料理指南』には、「（ディナーの最後に出てくる）カフェーは、雪白砂糖と牛乳を加えて飲むべし」と書かれているが、一般家庭ではむしろ、コーヒーは牛乳の臭みを消す香料として砂糖とともに使われたようだ。

当時牛乳は生乳だったから、そういう利用価値があったのだろうが、それが大正に入ってからの「コーヒー牛乳」の誕生につながったのであろう。瓶に入ったコーヒー牛乳――フルーツ牛乳とともに昭和を生きた世代には懐かしいものだが、今でも町の銭湯ではしっかりと生き残っているようだ。

11 ラムネ～殴るのに便利だったラムネ瓶～

ラムネの語源は、もちろんレモネードである。ペリーが来航した際、黒船にレモネードを積んでいたそうだ。幕府の役人に飲ませようと栓を抜くと、ポンという音にびっくりした幕府の役人は、「すわ新式の鉄砲か！」と思わず腰の刀に手をかけたとか。

また、明治六年（一八七三）七月の『新聞雑誌』第百十六号には、維新以前の話として、「横浜で異人将来のラムネを飲んだ者が、酔っぱらったようになったが、これは、ラムネに葉巻の灰を落とすとこのような症状になるもので、異人の間でよく行われる悪戯《いたずら》の一つだ」という記事がある。

クレオパトラが美容と不老長寿の秘薬として、葡萄酒に真珠を入れて飲んだのが炭酸飲料の始まりとの説もあるようだが、ともあれ幕末の日本人にとって、ラムネは初めて口にする飲み物であった。

明治元年（一八六八）に築地居留地で中国人がラムネ屋を開店、同じ年に横浜でもイギリス人が開業し、日本人によるラムネ屋も続々誕生したようだ。甘味炭酸飲料の人気は古今東西変わらないということであろう。

もっとも、意外なことでラムネが注目を集めたこともあった。明治十八、九年（一八八五～一八八六）にコレラが流行した時、炭酸水がコレラに利くというデマが広がり、人々は競ってラムネを買い求めたという。

ところで、ラムネと言えば、多くの人は栓がビー玉で中央がくびれた形のラムネ瓶を思い浮かべるだろう。だが、イギリスで発明されたビー玉栓の瓶が日本に登場するのは明治二十年（一八八七）頃からで、それまでのラムネ瓶は底が緩く尖った形をしていた。

なぜそういう形だったかというと、常に横向けに置かれる（縦には置けない）ことで、コルク栓を湿った状態にし、ガス抜けを防ぐためだったそうである。ちなみに、コルク栓の乾燥を防ぐという点では、ワイン瓶を横に保管するのも同じ理由からだが、ワイン瓶の場合は空気が中に入ってワインが酸化するのを防ぐためである。

ラムネ瓶はその形から「胡瓜《きゅうり》瓶」とよばれ、当時の新聞小説の乱闘シーンなどで、殴る道具としてまま登場していたようだ。ちょうど、形状と言い、固さ、重さといい、頃合いのものだったのだろう。

ラムネ店（明治40年8月1日「東京朝日新聞」）

12 氷水（かき氷）～五稜郭から氷を運ぶ～

うだるような夏の昼下がりに食べる氷水（かき氷・フラッペ）は格別である。奈良時代から氷《ひ》室《むろ》がつくられて、冬の間に貯蔵された氷雪が夏に取り出されて利用された。『枕草子』にも、氷を小刀で削り甘葛《あまづら》（ツタなどの樹液から作った甘味料）をかけて食したことが記述されている。

しかし、当時は一部の特権階級の者しかその恩恵に浴することはなかった。その後も状況は変わらなかったが、幕末になると、夏に氷水を売る店が現れる。牛鍋を興したことで知られる中川嘉兵衛《かへえ》が、文久二年（一八六二）に横浜で始めたのが最初とされる。

明治に入って彼は、さらに氷事業を拡大させるが、「食材」である氷をどこから調達したのか。嘉兵衛は、アメリカ人がボストンから氷を輸入し大儲けしているのに目をつけ、はじめ富士山頂から氷雪を運んだが、途中ことごとく溶けて水になってしまった。また、東北の山民と契約して冬の間に氷を確保し、春に運び出そうとしたが変事があって果たせなかった。

しかし、嘉兵衛はめげることなく、箱館の五稜郭《ごりょうかく》から氷を運ぶことを思いつく。五稜郭は、元治元年（一八六四）に幕府が箱館奉行所として築造した日本初の西洋式城郭であり、戊辰戦争最後の戦いとなった箱館戦争の激戦地（新選組副長・土方歳三《ひじかたとしぞう》はここで戦死している）としても知られている。

箱館戦争が終わってほどなく、おそらくは荒れ果てていたであろう五稜郭を、嘉兵衛は氷調達の地に選んだのだった。そして、その戦略は当たった。五稜郭の外堀を使って天然氷を生産し、船で東京に運び「箱館氷」と銘打って大々的に売り出すと、ボストンの氷を圧倒する成果を収めたという。

時は流れて明治十六年（一八八三）、京橋新栄町の東京製氷会社がアンモニアを使った機械による製氷を開始。人造氷の登場で、氷水はますます庶民の間で親しまれるようになった。シロップの種類も増え、氷あずき、氷レモン、氷イチゴなど今につながるメニューも登場する。トレードマークの大きく「氷」と染められた暖簾も、この頃には店頭に吊るされていたようだ。

なお、手動の氷かき機（氷削機）が登場するのは、明治二十年（一八八七）頃からで、それまでは台鉋《だいがんな》が使われていたという。また、氷水はやはり夏だけの商品ゆえ、冬には焼き芋屋、汁粉屋、水菓子屋などに「変身」する氷水屋が多かった。

氷水屋（明治19年7月18日「改進新聞」）

13 煙草～熾烈な広告合戦～

タバコ（煙草）はもともと南米で現地人が栽培、利用していた植物で、コロンブスの新大陸発見をきっかけに大航海時代を通じて世界中へ広がった。ニコチンによる習慣性と、大麻のような目に見えた害毒がなかったせいだといわれる。

日本には十六世紀末に伝わり、「かぶき者」というならず者の集団がよく喫煙したことから、徳川幕府はたびたび禁令を出したが、煙草の愛好者は増え続け、タバコの生産も各地で行われるようになった。

当時の喫煙方法は、刻み煙草をキセルやパイプで吸うものであった。時代劇で見られるように、武家も平民も花魁《おいらん》も身分を超えて煙草に親しんだ。そうした中から煙草文化も生まれ、彫刻や蒔《まき》絵《え》を施したキセル、煙草入れは、美術工芸としてヨーロッパでも高い評価を受けたようだ。

明治に入ると、紙巻き煙草、いわゆるシガレットが外国から入ってくる。キセルを使わずにすむ便利さや、輸入物のおしゃれなパッケージが好まれて、都市部を中心に広まっていく。ファッションとしても、断髪、洋服にフィットしたのだろう。

明治十七年（一八八四）頃、薩摩出身の岩谷松平《いわやまつへい》が国産の紙巻き煙草「天狗《てんぐ》煙草」を売り出した。岩谷は日清戦争の際、軍に煙草を納入、「東洋煙草大王」の異名を取り、「驚くなかれ、煙草税金二百萬円」、「慈善職工五萬人」という看板を店頭に上げ、国益への貢献をアピールしたという。

京都でも村井兄弟商会（社長・村井吉兵《きちべ》衛《え》）が、明治二十四年（一八九一）に日本初の両切り紙巻き煙草「サンライス」を発売、同二十七年（一八九四）には外国葉を使った「ヒーロー」を売り出して人気を博した。

ライバル同士となった両者は、村井兄弟商会が拠点を京都から東京に移した明治三十四年（一九〇一）以降、激しい広告合戦を繰り広げるが、その内容はすこぶる開化的で面白いものであった。

松平は、「天狗煙草」のブランドカラーを赤と決め、銀座の煉瓦《れんが》造り社屋を屋根から柱まで赤く染めたうえ、松平自身が真っ赤な洋服を着、真っ赤な馬車に乗って「天狗煙草」の街頭宣伝をした。さらに、店頭で幻灯《げんとう》を使った人寄せを行い、「松平の幻灯」と呼ばれて、付近には夜店が出るぐらい賑わったという。

岩谷松平煙草店の看板（「明治奇聞」）

一方の村井側は、「おまけ」戦略に出た。「ヒーロー」や「サンライス」におまけとして美人画や風景画のカードを付けたのだ。また、音楽隊を編成してCMソングを歌いながら街頭を練り歩かせた。「ヒーロー、ヒーロー、サンライス」という歌詞は、たちまち人々が口ずさむようになったらしい。

しかし、両者の争いはやがて泥沼化し、日露戦争の戦費確保の必要もあって、明治三十七年(一九〇四)、煙草は専売化された。専売化に向け、両社は政府の買い上げとなったが、その額が村井商会の千百二十万円に対して、岩谷側はわずか三十六万円。この数字を見れば、両者の争いは勝負あったといえよう。

煙草は昭和六十年(一九八五)に再び民営化され、現在に至る。

住・街

14 擬洋風建築〜日本人大工の独創性〜

幕末、横浜などの居留地では、お雇い外国人らの手によって次々と洋館が建てられていった。長屋住まいの日本の庶民らは、その煉瓦造りの威容にさぞかし目を見張ったことだろう。そうした中、明治元年（一八六八）十一月に築地居留地に完成した築地ホテル館は、日本人大工の二代目・清水喜助《きすけ》が手掛けたものであった（ちなみに初代・清水喜助は、現在のゼネコン・清水建設の創業者である）。

前年に発注を受けたのは幕府からであったが、施工中に明治維新となり、完成品は新政府への引き渡しとなった。正に時代を跨いで出来上がった建物だったのである。

喜助は、それまでに横浜で西洋人について洋風建築の技術を学び、横浜製鉄所やドイツ公使館などの施工に携わり経験を積んでいた。設計はアメリカ人のブリジェンスといわれているが、このホテルは一風変わった外観を呈していた。

外壁は土蔵のような「なまこ壁」で、中央の屋根には寺の鐘楼のような塔が立ち、塔への入り口にはらせん階段があるという、一見して洋風なのか和風なのか判じ兼ねるデザインだったのだ。

設計こそアメリカ人であったが、建材の確保や細部の意匠については、喜助の裁量に任されたようで、その結果、昔ながらの和風建築の要素が入り込んだものと考えられている。こうした建築様式は擬洋風《ぎようふう》建築と呼ばれ、その独特な趣が評価されて、明治十年（一八七七）頃を中心に各地の官庁や学校の建物に取り入れられた。

急激な西洋化にワンクッション入れる建築物としても歓迎されたのだろうが、洋と和を絶妙に折衷する日本人大工の力量には、同じ日本人として敬服あるのみだ。

現存する擬洋風建築には、旧開智《かいち》学校（長野県）、旧開明学校（愛媛県）、興雲閣（島根県）、白雲館（滋賀県）、旧新潟税関庁舎（新潟県）、旧東京医学校本館（東京都）、大宝館（山形県）、長浜旧開智学校（滋賀県）、龍谷大学大宮学舎（京都府）などがある。

明治二十年（一八八七）頃になると、擬洋風建築は見られなくなり、その後は、工部大学校（現東京大学工学部建築学科）で教鞭をとったイギリス人、ジョサイヤ・コンドルの門下生、辰野金吾《たつのきんご》らによって、日本人による本格的な洋館建築が進められていった。

築地ホテル館の錦絵（慶応4年）

15 ガス灯～占いによって灯った?～

天然ガスを利用したガス灯は、十八世紀末にイギリスで発明された。明治五年(一八七二)九月二十九日、日本で初めて横浜に本格的なガス灯が設置される。新暦では十月三十一日に当たるため、この日が現在「ガス記念日」と定められている。

明治七年(一八七四)には東京でもガス灯が設置され、ガス工場から地中に埋設したガス管を通してガスが送られた。夕方になると、法被《はっぴ》を着た点灯夫が、硫黄を火種とした点火棒でガス灯に火を付けて回った。

ところで、横浜でのガス灯設置に大きな役割を果たした日本人に高島嘉右衛門《かえもん》がいる。高島はかなり変わった経歴の持ち主であった。江戸の材木屋の第六子に生まれるが、兄が皆早世したために嫡子となる。

木材の商いで失敗したあと、横浜に出て陶磁器の販売などで儲けたが、外国人相手の小判の密売で逮捕される。出獄後、再び材木商をはじめ、外国人や政府要人と人脈をつくり、京浜鉄道敷設のための埋め立て工事を引き受けるなどした(その功績から「高島町」という地名が横浜市西区に今も残る)。

ドイツの商会が神奈川県にガス会社設立の申請を上げたことを知ると、外国人に権益を奪われることは日本にとって禍根を残すと考え、何人かで「日本社中」をつくって対抗した。その結果、ドイツの商会に勝利し、横浜瓦斯《がす》会社を興して日本人の手で横浜の街にガス灯の灯りを灯したのである。

ところで高島は、易断家という別の顔を持っていた。易断をするようになったきっかけは、密売によって投獄されていた時、牢内の畳から出てきた『易経《えききょう》』を暗唱できるまで読み耽ったことだったという。

易断の集大成『高島易断』を著し、この本は漢訳、英訳もされ、高島は「易聖」と呼ばれるまでになる。実際、高島の易断はよく当たったようで、西郷隆盛、大久保利通、伊藤博文の死期の卦《け》を立てており、政府高官は征韓論や日清・日露戦争など重要案件について、高島に占ってもらったといわれる。

そして、自ら関わった事業については、すべからく易断していたというから、日本のガス事業は彼の占いから始まったといえるだろう。

横浜の蕎麦屋の風景。後ろにガス灯が見える（明治10年「横浜新誌」）

16 アーク灯〜昼と見まがう明るさ〜

明治十一年（一八七八）三月二十五日、工部大学校（東京虎ノ門）の大ホールで行われた電信中央局開業祝賀会の席上、同大学校の学生であった藤岡市助《いちすけ》と中野初子《はつね》が、電池五十個を使って電灯の一種であるアーク灯の試験点灯に成功。わずか十五分程度であったが、日本初の快挙に新聞は「電気火」と表現してセンセーショナルに取り上げた。後年、この試験点灯を記念して三月二十五日は電気記念日に定められる。ちなみにアーク灯の名は、弓なり（アーク）に放電が起こることから来ており、弧光灯《ここうとう》とも呼ばれた。

そして、電灯は実用化の段階に入る。明治十五年（一八八二）十一月一日、東京銀座の大倉組商会の玄関前にアーク灯が設置された（大倉組は明治の財閥の一つで、ホテルオークラにその名が残る）。

ガス灯の登場から六年後のことだったが、その衝撃はガス灯の比ではなかった。洋蝋《ようろう》四千掛けの、昼と見まがう明るさに、毎晩見物人が黒山のように押しかけたという。江戸の町は、提灯がなければとても外出できないような漆黒の世界だったから（無灯火の夜間外出は対人事故防止のため厳禁だった）、人々の感動はひとしおだったのだろう。

電力の安定供給のため、明治十六年に東京電灯会社が設立され、同二十年（一八八七）には送電が開始されている。その後、京都、名古屋、大阪、神戸、横浜などで電灯会社がつくられ、全国の都市部で街灯として電灯が灯るようになった。

この時、東京電灯会社がドイツから五十ヘルツの発電機を輸入して事業を始めたのに対し、大阪や名古屋の電灯会社はアメリカから異なる周波数の発電機を輸入したため、今も日本の電気は東日本が五十ヘルツ、西日本は（統一されて）六十ヘルツになっている。

ところで、アーク放電によるアーク灯は明るいのはいいが、光が強烈すぎたため、眩しくてしかたがなかった。また寿命も短かったので、そうした欠点を補うため、アメリカのトーマス・エジソンが明治十二年（一八七九）、白熱電球を発明する。

日本では、明治十七年（一八八四）に上野・高崎鉄道開通式で初めて点灯され、その後、余り眩しくない白熱灯の有用性が認識されていく。白熱電球のフィラメントの材料として、石清水《いわしみず》八《はち》幡宮《まんぐう》（京都府八幡市）の竹（マダケ）が使われたことは、今や人口に膾炙《かいしゃ》している。

エジソンは、世界中から竹を集めようと各国に研究員を派遣したが、そのうちの一人が来日し、当時首相だった伊藤博文に面会、竹の産地として京都を紹介され、京都府知事の植村正直《まさなお》に相談した結果、石清水八幡宮の竹に行きついたといわれる。

中野初子

17 凌雲閣～日本初のエレベーターは釣瓶式～

バベルの塔の時代から、人間というものは力を持つと、やたらと高いものをつくりたがる生き物のようだ。西洋の建築技術をマスターした日本の建築関係者は、明治二十三年（一八九〇）十一月、東京浅草に凌雲閣《りょううんかく》という、十二階建てで高さ五十二メートルの高層建築物を完成させた（浅草十二階とも呼ばれた）。十階までが煉瓦造り、十一、十二階は木造であった。

十階から十二階が眺望室で、九階以下は物品販売店や演技・舞踊場などが占め、眺望室からは、東京の半分と遠く房総半島も見渡せたという。

十二階建てともなれば、階段で上がるには骨が折れる。そこで登場したのがエレベーター（昇降機）である。エレベーターは、一八五八年にアメリカで実用化されていたが、日本ではこれが初お目見えであった。

一階から八階の間に二基設置され、窓付きで入り口を除く三方には、座布団を敷いた腰掛が用意されていた。なお、このエレベーターは片方が上がれば片方が下りる、いわば井戸の釣瓶のような方式であった。

これを証明する川柳が二句、『明治事物起源』に紹介されている。

「乗ると直ぐ持ち上がる十二階　柳月」
「乗ると下から持ち上がる十二階　同人」

凌雲閣は世間の関心を大いに集め、開業最初の日曜日には六千人が詰めかけたという。ところが、肝心のエレベーターは開業後故障が多く、警視庁の調査で落下防止装置が不完全ということで、翌年には使用中止になってしまった。

エレベーターが動かないとなると、階段を十二階まで歩いて上がる来場者はたまったものではない。そこで、階段をのぼりながら楽しめる企画が考えられた。それは、美人芸者百名の写真による人気投票であった。題して「百美人」。

四階から七階にかけて縦横二尺（約六十センチ）余りの写真を展示し、来場者が好みに応じて

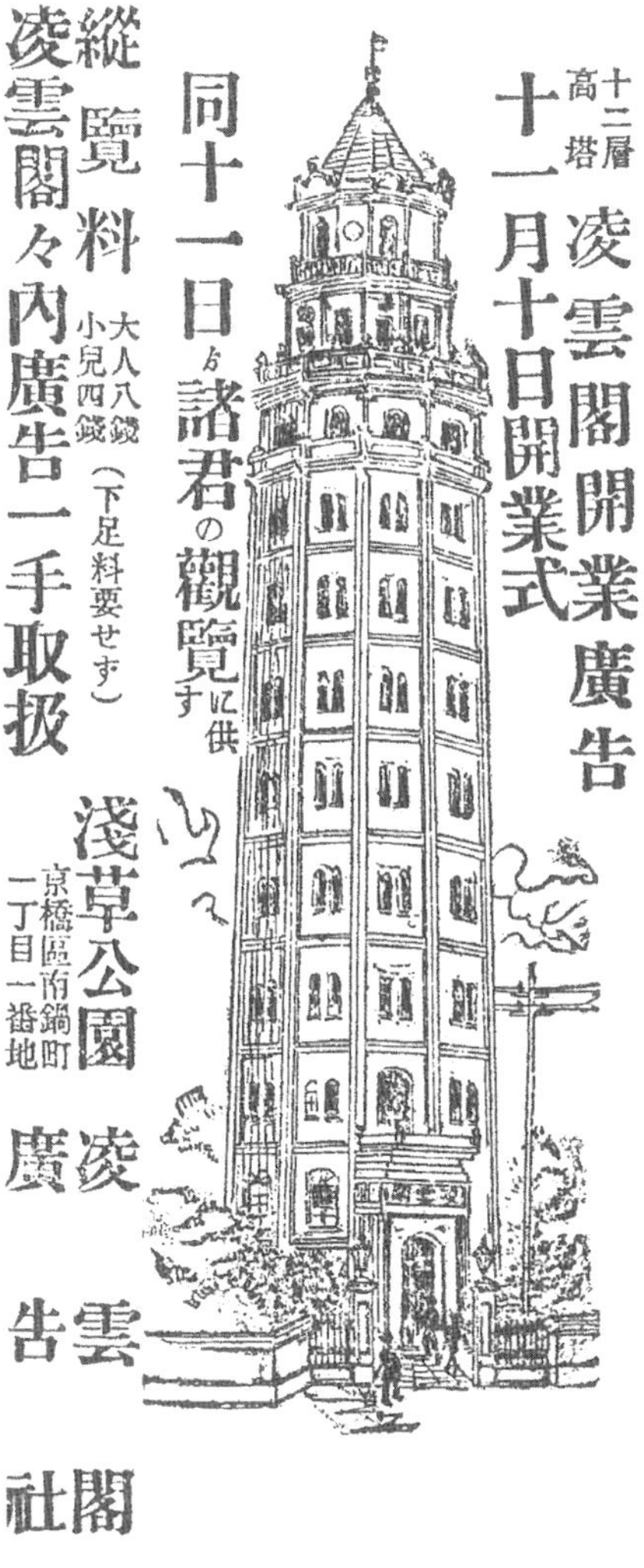

凌雲閣開業の新聞広告（明治23年）

投票するのである（開票結果は写真の肩に記された）。
いわばミスコンの走りのようなものであったが、この企画はまんまと当たり、明治二十四年十月二十一日の『東京朝日新聞』によると、一位になった芸者を巡って、某局長と某議員の間で身請け競争が発生するほどの過熱ぶりであった。

ところで、明治二十四年（一八九一）十月十三日の『郵便報知新聞』は、凌雲閣が欠陥エレベーターに関して、製作元である東京電灯株式会社の社長を東京地方裁判所へ訴えたと報じている。この頃はまだ電力供給そのものが不安定な時期で、エレベーターの登場は時期尚早であったのかもしれない。

そんな訴訟沙汰を経て、凌雲閣のエレベーターは大正三年（一九一四）に復活するが、同十二年（一九二三）九月一日の関東大震災で、凌雲閣は八階から上が倒壊、残った部分も傾いたため、陸軍工兵隊により爆破解体された。

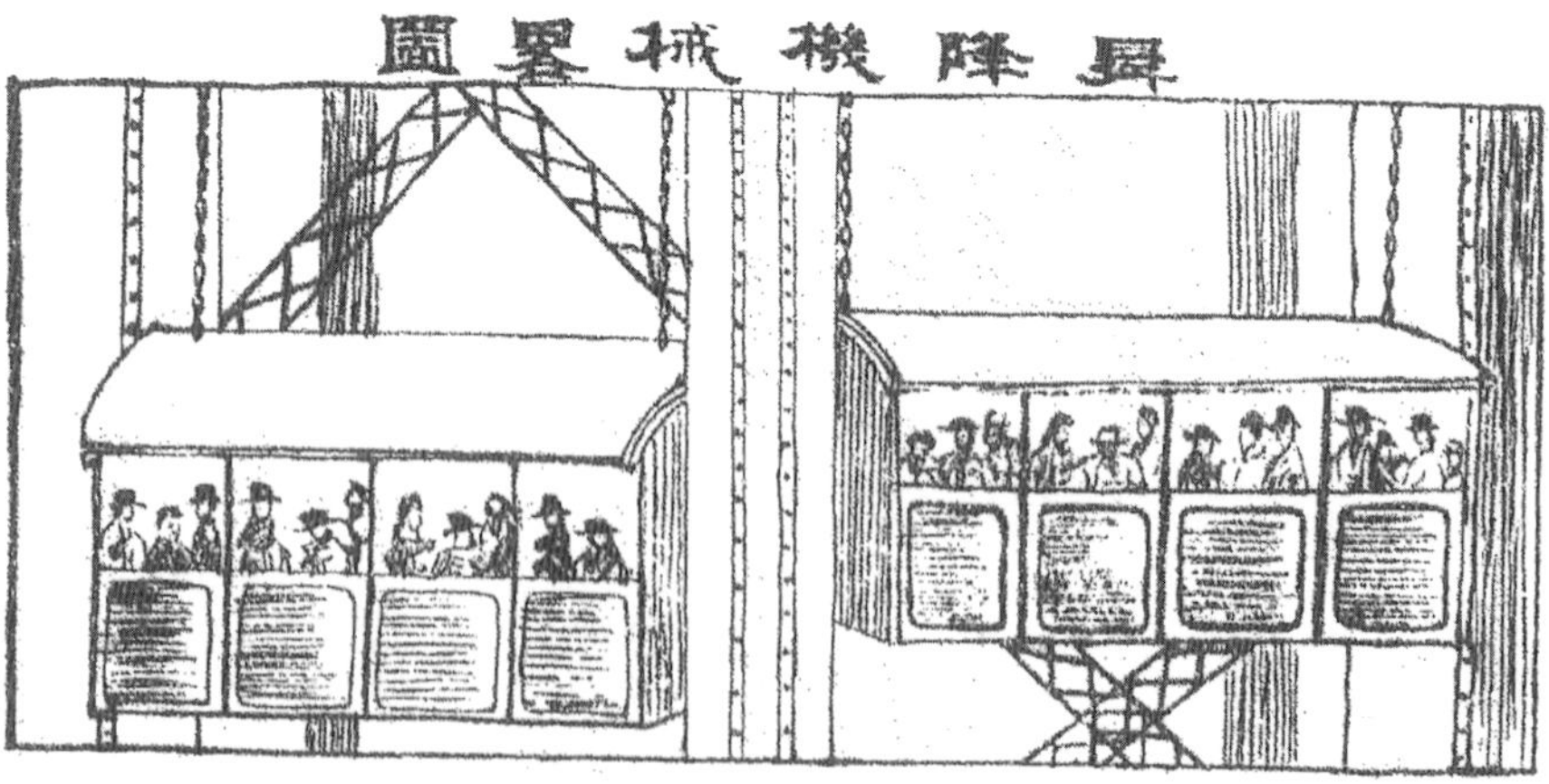

凌雲閣のエレベーターの図（明治23年2月「工談雑誌」）

18 奇怪な人造富士〜暴風でもろくも崩れた張りぼて展望所〜

凌雲閣が建てられた頃は望楼《ぼうろう》建築のブームで、大阪でも九階建ての同じ凌雲閣という名の建物が完成している。おそらくは、明治二十二年（一八八九）に開催されたフランスのパリ万博において、目玉施設として建設されたエッフェル塔が、入場者数二百万人を記録する大盛況だったことの影響を受けたのだろう（実際、凌雲閣は開業前から「浅草にエッフェル大塔」と宣伝された）。

ところで、浅草に凌雲閣ができる少し前の明治二十年（一八八七）、同地に寺田為吉という香具師《やし》が、高さ三十二メートルの木造の人造富士を築いている。

為吉は、浅草五重塔の修繕中に、足場を利用して一銭の料金で見物客を五重塔に登らせているのを見て、はたと閃いたらしい。東京市内を一望できる展望所を、しかも天下の霊峰富士を模して造れば、絶対に儲かると踏んだわけである。

この人造富士、内部にらせん階段が設置されていて、「老幼婦女」も楽に登れたらしく、日に数千人が入場して、為吉は思惑通り相当の利潤を得た。しかし、如何せん木や竹の骨組みに石灰を塗っただけの「張りぼて」のつくりだったので、二年後の暴風雨でひとたまりもなく損傷し、撤廃のやむなきに至ったという。

被災した人造富士の姿は、「白粉《おしろい》の化粧を洗い落とし、骨を露わにしたる（卒塔婆《そとば》）小町を観るより凄し」と『明治事物起源』にある。

もともと思い付きから誕生した代物だから、当然の帰結といえようが、この人造富士を駿河台《するがだい》へ作れと提唱する人物がいた。当時、駿河台で建設中だったニコライ堂（日本ハリストス正教会東京復活大聖堂）に対し、同堂が完成すれば、皇居を見下ろす形になり不敬であるという声が上がっていた。

そうした中、明治二十二年（一八八九）五月の『日本人』第二十四号に、辰巳小次郎《たつみこじろう》という文学士が次のような論を展開したのだ。

「外国のことはいざ知らず、わが国では古来、高きところに登って人の屋内を窺うことは、無作法無遠慮とする慣習がある。かの教堂（ニコライ堂）が直に宮城《きゅうじょう》（皇居）に臨むのをもって、見るに堪えずと思うのは、実に君父に対して忠孝を尽くすより出でたる情感と言わざるを得ない。教堂を破壊すべきである、あるいは、教堂を買い取るべきだという意見もあろうが、私はそうした言説を採らない。人造富士を築き、教堂からの視線を遮断するとともに、巨額の利潤を収得する方策を講じるべきとするものである。もっとも、人造富士からも宮城が望めない構造にしなければならないが」

もちろん、駿河台に人造富士をつくる者は現れなかったが、為吉もこんな偉い学士先生から、自分の張りぼて富士を真面目に論じてもらえようとは、夢にも思わなかったに違いない。ちなみに、ニコライ堂は明治二十四年（一八九一）三月に無事完成している。

生活

⑲ 石油ランプ～普及が進むと国が亡ぶ？～

江戸時代、家の中の灯りといえば行灯《あんどん》であった。木や竹で組まれた枠に和紙を貼り、中に油の入った火皿を置いて、木綿《もめん》などの灯心に火をつけ使用した。燃料は主に菜種油だったが、より廉価な魚油《ぎょゆ》が使われることも多かった（化け猫が行灯の油を舐めに来るのはそのためである）。魚油は異臭を放つため、夜は早く寝るに如くはなかったようだ。

幕末、アメリカから石油ランプが伝わる。一説によると、万延《まんえん》元年（一八六〇）、幕府の医師であった林洞海《はやしどうかい》が渡米した友人からランプをもらい、臭水《くそうず》（石油の古称）で点火したのが最初であるとされる。

石油ランプは油壷と火屋《ほや》、笠からなり、行灯に比べれば格段に明るかった。明治になって国産品ができると、急速に普及し、日本人の夜の暮らしぶりに大きな変化を与えた。「明る過ぎて困る」と言った書生もいたようだが、深夜まで勉強するのは御免被りたかったのだろうか。

石油ランプは街灯にも使われた。街灯屋というのがいて、昼間にランプの掃除をしておき、夕方、鉢巻きに何本もマッチをさして、それでランプに火をつけて回り、朝方明るくなると、今度は消して回ったらしい。

一方、ランプが原因の火災も多発した。明治五年（一八七二）一月八日に東京神田旅籠町《はたご》でランプの火による火災が発生し、事態を憂慮した東京府は、その直後に「ランプ取扱い布令」を出している。

その条項を見ると、「ランプを掃除し油をつぐときは、きっと昼間にしておくこと。夜、火の近くで取り扱わないこと」「万一燃え上がる節は、風呂敷またはケットの類をもって押し消すこと、水を注がないこと」などとあり、その諄々《じゅんじゅん》と諭すような内容から、この時点ですでにランプは、庶民の間に相当広まっていたことが伺える。

ところで、石油ランプの余りの人気ぶりに「ランプ亡国論」を唱える人物が現れた。佐田介石《さたかいせき》という仏教徒で、石油の輸入によって菜種油生産者などが壊滅し、国が亡びると主張したのだ。性急な政策にブレーキを掛ける意見が持ち上がるのは、ある意味社会の健全性を示すものであるが、佐田はほかにも「鉄道亡国論」「牛乳大害論」「蝙蝠傘《こうもりがさ》四害論」「太陽暦排斥論」「簿記印記無用論」などを提唱し、片っ端から文明開化を否定した。一途なのか洒落っ気なのか、よく分からないところが面白い。

ともあれ、石油ランプは電灯が行き渡るまで、日本の家庭において不可欠の照明器具となったのである。

20 銭湯～日に九十回も入浴した男～

江戸時代、町の銭湯は庶民の憩いの場であり社交場でもあった。当時の銭湯は、戸棚風呂というサウナ式の蒸気風呂で、蒸気が逃げないように設けられた、背の低い柘榴口《ざくろぐち》を通って出入りするものであった。中は薄暗く、薄暗いことをいいことに風紀を乱す行為に走る男女もいたようだ（当時は男女混浴の銭湯も多かった）。

明治に入ると、文明開化にふさわしい「改良風呂」が登場する。これは、蒸気風呂ではなく、柘榴口は取り払われ、たっぷりお湯の入った浴槽と広い洗い場と高い天井から成る、より明るく衛生的な構造だった。

ちなみに、明治時代はやたらと「改良」という言葉が使われ、明治二十一年（一八八八）一月の『団団珍聞《まるまるちんぶん》』には、当世流行改良競いとして、衣服改良、飲食改良、家屋改良、教育改良、文字改良、小説改良、宗教改良など三十二の「改良」を取り上げたうえ、さらに数えれば両手に満つ、としている。

話を改良風呂に戻すと、折しも明治六年（一八七三）に堤磯右衛門《いそえもん》が国産の石鹸の製造に成功し、やがて各地に石鹸製造所ができ、銭湯でシャボンの泡立つ光景が見られるようになる。それまでは、糠袋《ぬかぶくろ》やヘチマでひたすら垢《あか》をこすり取っていたのだから、この変化もまた画期的であったろう。

ところで、明治六年の『新聞雑誌』第百五十五号に落語のような滑稽話が紹介されている。この年の七月、東京府は府内の風呂屋に対してお達しを出したが、その事項の一つに「熱過ぎるお湯は健康によくないので、九十度ぐらいに炊くように」というものがあった。

九十度という温度は、もちろん摂氏《せっし》ではなく華氏《かし》である。明治時代から昭和の初めまでは、温度の単位として華氏が使われることが多かったようだ。ともあれ、華氏九十度は摂氏に換算すると三十二・二度である。ちょっとぬる過ぎかと思うが、張り出されたお達しを見て、変な行動に出る輩《やから》が現れた。

ある男は、早朝から何十回も繰り返し入浴し、体が煮たエビのように赤くなっているのを怪しんで、番頭が声を掛けると、男は「お百度参りのように九十度入浴すれば健康に良いのかと思った」と答えた由。

また、別の男は一年に九十度と間違えて、三百六十五日を九で割って四日に一度ずつ風呂に入ったという。一笑してやむべきことだが、今までの慣習を急に改めると、このようなことはまま起こることだ、とその記事は締めくくっている。

正月の銭湯の情景を描いた錦絵(江戸時代)

21 太陽暦〜間違えられた婚礼の日〜

明治五年（一八七二）十一月九日、それまでの旧暦（太陰太陽暦）を廃止し、新暦として太陽暦を採用する旨の詔書が出された。そして、その年の十二月三日が新暦の明治六年（一八七三）一月一日と定められた。

太陰暦とは、月の満ち欠けの周期を基準にした暦で、紀元前の古代バビロニアで使われはじめ、日本には七世紀初頭に伝わったとされる。ただ、日本では季節とのずれを二、三年に一度、閏月《うるうづき》を入れることで調整するようになった。太陰太陽暦と呼ばれる所以である。

新暦に改められるまでの、歴史的事件の月日は当然旧暦のものであるが、旧暦では一〜三月が春、四〜六月が夏、七〜九月が秋、十〜十二月が冬であった。五月に勃発した大坂夏の陣が「夏」の陣、十一月に始まった冬の陣が「冬」の陣と呼ばれるのは、そのためである。

また、旧暦では太陽暦の要素として二十四節気《せっき》が用いられていたが、基本的に一月に立春（新暦の二月四日頃）が来るように設定されていたので、新暦とはおよそひと月のずれがあった。赤穂浪士の討ち入りは、旧暦の十二月十四日であるが、新暦に直すと真冬の一月三十日に当たり、東京（江戸）でも雪が降ったわけである。

さて、ヨーロッパではローマ時代に太陽暦であるユリウス暦がつくられて以降、徐々に太陽暦に置き換わり、幕末の頃にはほとんどの先進国が太陽暦を採用していた。暦は国家運営の基本であり、近代化を進める明治政府は、早速太陽暦に改暦することを決定したのであった。

しかし、それにしても詔のわずか二十三日後に実施されるとは、余りに慌ただしい話であるが、これには政府側の厳しい財政事情が関係していたといわれる。というのは、このタイミングで改暦すれば、明治五年十二月の官吏の給与が不要になり、さらに旧暦だと明治六年には閏月が発生して一年が十三ヵ月になってしまうので、その分でも給与が一月分不要になるのである。確かにこれはバカにならない額であったろう。

さて、太陽暦が定着するまでには、やはり時間がかかった。とくに農作業の時期を旧暦によっていた農村部では、新暦と旧暦を併用せざるを得ない事情があったようだ。明治六年十一月二十七日の『東京日日新聞』に次のような記事がある。

「備中国（岡山県）のある商人の息子が、嫁をもらうことになり、婚礼の日を九月某日に決めていた。新婦側はその日に向けて準備を進め、はるばる数里の道を経て新郎の家に来たものの、戸は閉まって静まり返っている。

まさか間違いはなかろうと、ドンドンと戸を叩くと、何事かとブツブツ言いながら新郎の家の者が出てくる。新郎側は、あまた提灯を携えた新婦の一行にびっくり。しかし、帰すわけにもいかず、急遽用意を整え、三々九度や四海波《しかいなみ》を行って何とか婚礼を済ませたという。この行き違いは、新郎側は旧暦で婚礼の日を決めたのに対し、新婦側は新暦と思って嫁入りして来たことによる」

旧暦新暦併用によるアクシデントであるが、しかしまあ、破談にならなかったのは何よりであった。ところで、太陽暦の導入に伴って「月・火・水・木・金・土・日」の七曜《しちよう》も使われるようになる。古代バビロニアで誕生した七曜は、実は平安時代の初めに遣唐使を通じて日本にも伝えられたが、吉凶占いに使われるぐらいで、日々の暮らしに用いられることはなかった。

明治政府は当初、一と六の付く日を官公庁の休日とし、「一六《いちろく》ぞんたく（どんたく）」と呼ばれた。「ぞんたく」とは、オランダ語の日曜日を意味するzontagの訛《なま》りである。しかし、明治九年（一八七六）四月から曜日制を取り入れ、日曜日を休みに土曜を半ドンにすることが決められた（半ドンとは、「半分どんたく」の略語なのである）。

「一六」だと月六回ないし七回休めるが、日曜は月四回ないし五回。土曜の半ドンを加えるとほぼ同じ日数になるので、官員からそれほど不平はでなかったかもしれない。

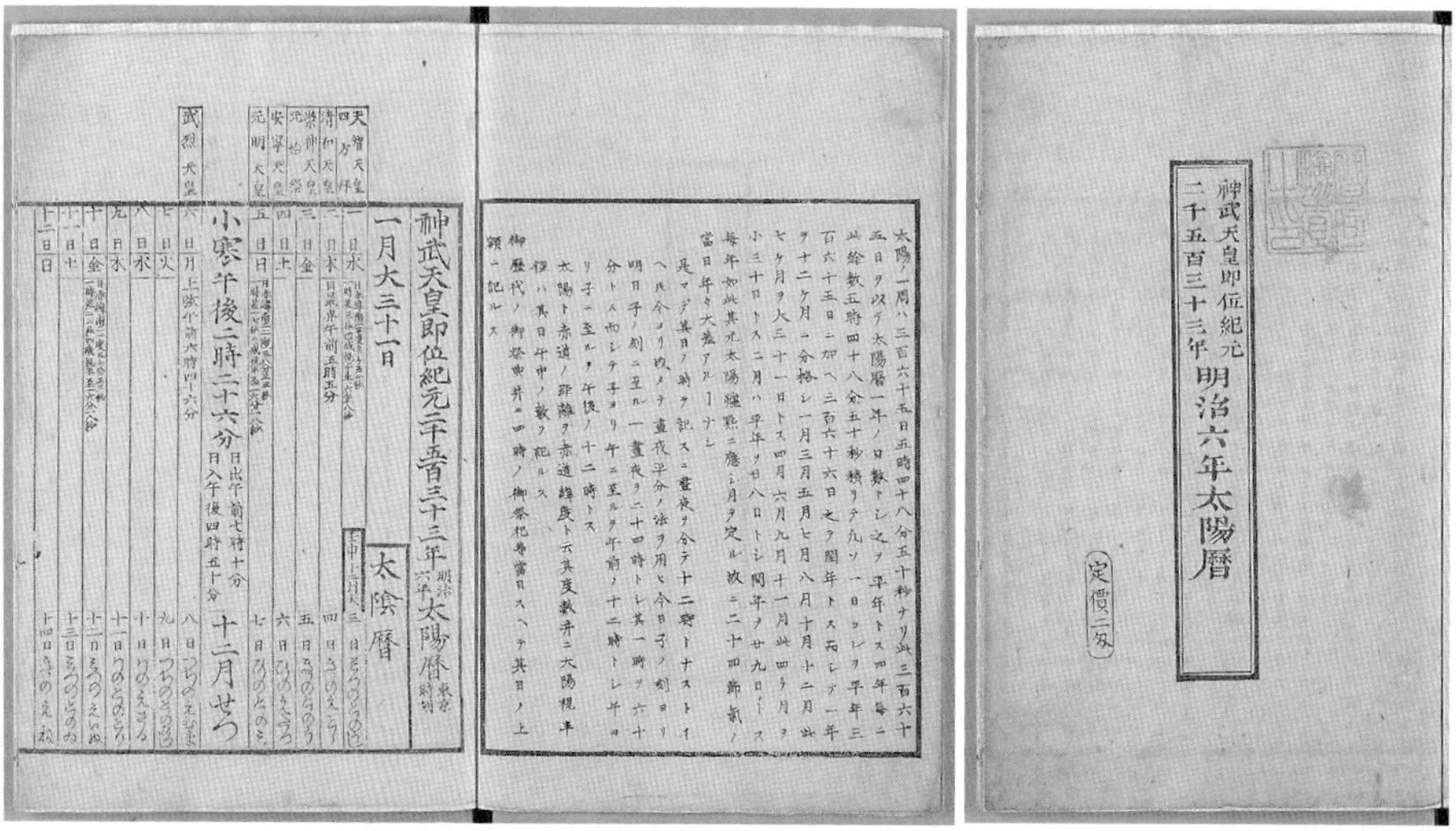
神武天皇即位紀元二千五百三十三年
明治六年太陽暦
定價二戔

神武天皇即位紀元二千五百三十三年 明治六年太陽暦
一月大三十一日
太陰暦
小寒午後二時二十六分

文部省暦局発行の太陽暦の普及本（明治5年11月）

22 定時法～難しかった時計の見方～

江戸時代にも櫓《やぐら》時計や枕時計といった和時計がつくられていたが、一般には普及していなかった。幕末から西洋時計の輸入が始まり、明治六年（一八七三）に太陽暦が採用され、一日を二十四時間とする定時法が導入されると、懐中時計、腕時計、柱時計、さらには時計台などの形で、人々の目に留まるようになる。

懐中時計などは一種のステイタスシンボルとなり、庶民の憧れの的であったが、なかなか手に入るものではなかった。そもそも、江戸時代の時刻表示に慣れていた者にとって、西洋式の定時法は馴染みにくかったようだ。

江戸時代の時刻表示法は十二支制と六つ時制が併用されていた。「丑三《うしみ》つ時」とか「明六《あけむ》つの鐘」とかは、時代劇でよく耳にする言葉であろう。双方とも、昼の長さと夜の長さを別々に区分するものであり、季節によって間隔が変わってくるので、定時法に対して不定時法と呼ばれる。

ただし、昼の真ん中に当たる「昼の九つ（子《ね》の正刻《せいこく》）」と夜の真ん中に当たる「夜の九つ（午《うま》の正刻）」だけは、常にそれぞれ定時法の午前零時と午後零時になり、季節を通じて変わらない。

現代人からみれば、今の定時法のほうがよほど分かりやすいと思うが、日の出、日没の時刻を基準にするほうが、生活のリズムには合ったのかもしれない。明治二年（一八六九）四月二十九日の『開知新報《かいちしんぽう》』に、時計の見方について、次のような記事がある。

「西洋の各国においては、昼夜を二十四時に分かち、我が国の時は四季の節に従って長短がある。故に西洋時計をもって時を知るには、十二時のみが我が国の、昼夜の九つ時に適合し、その他は何時何分何秒をもって知るほかはない。したがって図を設け、短針の支持する所へ我が時を記して童蒙《どうもう》（幼くて道理の分からない者）の便に使うのがよい。なお、西洋の一時を六十に分割したその一を分時といい、一分時を六十に分割したその一を秒時という。すなわち、六十秒時をもって一分時となし、六十分時をもって一時となす」

明治五年（一八七二）に開通した鉄道の時刻表では、発車到着時刻について、「〇字〇〇分発」という風に「時」ではなく「字」の字を当てている。これは不定時法との混乱を避けるため、西洋式の時刻を区別して表記したものだそうだ。

もっとも、明治初期の平均的日本人にとって、分刻みの生活など無縁であった。知りたいのは、まあ、お

新式	舊制		
午前一時		（九ツ半時）	
午前二時	夜	八ツ時	丑ノ刻
午前三時		（八ツ半時）	
午前四時	曉	七ツ時	寅ノ刻
午前五時		（七ツ半時）	
午前六時	明	六ツ時	卯ノ刻
午前七時		（六ツ半時）	
午前八時	朝	五ツ時	辰ノ刻
午前九時		（五ツ半時）	
午前十時	晝	四ツ時	巳ノ刻
午前十一時		（四ツ半時）	
午前十二時	晝	九ツ時	午ノ刻
午後一時		（九ツ半時）	
午後二時	晝	八ツ時	未ノ刻
午後三時		（八ツ半時）	
午後四時	夕	七ツ時	申ノ刻
午後五時		（七ツ半時）	
午後六時	暮	六ツ時	酉ノ刻
午後七時		（六ツ半時）	
午後八時	宵	五ツ時	戌ノ刻
午後九時		（五ツ半時）	
午後十時	夜	四ツ時	亥ノ刻
午後十一時		（四ツ半時）	
午後十二時	夜	九ツ時	子ノ刻

新旧時刻対照表（石井研堂「明治事物起源」）

昼ご飯の時間ぐらいだったろう。

その希望に応えるように、東京では毎日正午に皇居本丸の砲台から陸軍近衛師団砲兵連隊によって空砲が鳴らされ（東京以外の師団所在地でも実施された）、通称「ドン」と呼ばれて市民に親しまれた。ドンは明治四年（一八七一）九月から始まったが、初めてそれを聞くお上りさんらはびっくり仰天したようだ。

同年十二月発行の『広島新聞』に次のような記事がある。

「十二月二十二日、郡民どもが御城を拝覧しようと、御橋川岸へ大勢押しかけたところ、十二時の号砲がどっと一発あり、郡民たちは、これはどうしたことか、今日は拝参に来ただけなのに、と胆をつぶして散り散りに退散した由」

午砲は、大正十一年（一九二二）に陸軍から東京市に引き継がれ、昭和四年（一九二九）四月まで、実に五十八年間も続いたというから驚きである。

午砲（ドン）の風景（明治31年9月25日「風俗画報」）

23 マッチ～お化けと勘違いして気絶～

江戸時代まで火をつける道具と言えば、火打石であった。鋼鉄製の火打金にチャートなど（火打石）を打ち付けて火花を飛ばし、火口《ほくち》と呼ばれる消し炭などで火種をつくるという方法である。ちなみに、時代劇などで主人が外出する時、奥方が「おまえさん、お気をつけて」とか言って、火打石でカチカチやる「切り火」は、火が魔《ま》除《よ》けになるという信仰から始まった習慣であったようだ。

ともあれ、火打石による火起しは面倒極まるものであったから、明治に入ってマッチの輸入が始まると、この便利な火付け道具に人々が殺到したのもむべなるかなである。「摺付木《すりつけぎ》」「早付木《はやつけぎ》」と呼ばれたのも、人々の讃嘆の気持ちの表れであったろう。

イギリスで摩擦マッチが考案されたのは意外と遅く、十九世紀に入ってからである（アンデルセンが童話『マッチ売りの少女』を発表したのは、一八四八年のことであった）。細く短い軸の先に付いた頭薬を、箱の側面に擦りつけるだけで、簡単に点火するのだから、火打石に比べれば正に雲泥の差があった。

日本では、余りの便利さに妖術ではないかと勘違いする者もあった。明治六年（一八七三）十二月の『新聞雑誌』に次のような記事がある。

「東京柳橋のある船宿で、商人某が芸者小熊を伴って遊楽中、燈火を消ししばらくして懐中よりマッチを出して火を付けると、小熊はお化けかと思い、あっと一声発して気絶した。薬に医者と種々介抱し、ようやく蘇生した由」

また、『明治事物起源』によると、信心深い老人の中には、マッチは牛馬の骨から製出する燐を使っているから不浄であり、神仏の灯火に使うことはできないと言い張る者が多かったらしい。そこで、「神仏灯火用」あるいは「清浄請負」と銘打った特別のマッチが登場する。

一応、発火部の色や軸の大きさが普通のものと違っていたようだが、燐を使っている点では変わりない。ところがこれが好評で、田舎へ出向く行商人などは、「この清浄マッチは、本山の仰せにより製したものであり、清浄無垢《むく》は申すに及ばず、念仏を籠したる品なので、これをもって仏灯を点ずれば、(阿)弥陀の感受疑いなし」と出まかせを言って、無智な善爺善婆へ大いに売りさばいたという。

さて、明治八年(一八七五)四月、加賀藩出身の清水誠が、今の東京都港区にあった元老院議官・吉井友実《よしいともざね》の別邸を仮工場として、国産マッチ(軸には日光のポプラが使われた)の製造を開始する。吉井は元薩摩藩「精忠組」の中心人物として有名であるが、フランス出張の際、留学中の清水と知り合い、彼にマッチの製造を強く勧めたとされる。

清水の事業は軌道に乗り、同十年には上海に輸出するまでになった。マッチの生産量はその後も増加してゆき、主婦によるマッチ箱づくりの内職が広く行われたという。

24 勧工場〜明治のショッピングモール〜

明治に入って、勧工場《かんこうば》という店舗形式が生まれる。多種多数の商品を一つの建物に陳列して販売する方法であり、明治十年（一八七七）に上野で開催された第一回内国勧業博覧会の売れ残った品物を売りさばくために、東京永楽町に設けられたのが最初だとされる。

今でいうショッピングモールのようなものであったが、江戸時代までの商慣習を大きく転換する革命的な商業施設であった。というのは、それまで高級呉服店などで行われていた、下足預かりの座売りと異なり、勧工場では気軽に土足で入って、気兼ねせずに商品を物色できるようになったのである。

店内には、家具や楽器、小間物、玩具など様々な商品が揃っていた。一ヵ所でいろいろなものが買え、また、若い女性の売り子が優しく対応してくれるので、勧工場は男性陣の好評も得て、あちこちに建てられるようになる。明治四十二年（一九〇九）には東京市内だけで三十ヵ所の勧工場があり、休日には家族連れで大いに賑わったといわれる。

ところで、明治三十二年（一八九九）に新橋で開業した「帝国博品館」という勧工場は、煉瓦造りの三階建てで、時計塔のあるモダンな建築デザインから、錦絵や絵葉書でも紹介された。さらに、この建物が面白いのは、階段の代わりに傾斜路を設け、それによって入り口から出口まで、客が商品を見ながら移動できる形にしたことである。

これは江戸時代に、東北や関東に多く建てられた仏堂「さざえ堂」にヒントを得たものと考えられている。さざえ堂は、内部に螺《ら》旋《せん》状の回廊があり、回廊沿いに三十三観音などが配置されていて、順路を巡ることで自動的に参拝が完了する構造になっていた（外観がさざえに似ていることからその名がある）。仏堂の構造を商業施設に応用するとは、ここでも明治人の和洋折衷の工夫が見て取れるのである。

一世を風靡《ふうび》した勧工場であったが、明治時代後期には本格的な欧米の店舗形式であるデパートの進出により、徐々に廃れていった。その過程では、安物を売る勧工場も現れ、品質の悪い品物は「勧工場もの」といわれるまでになったという。

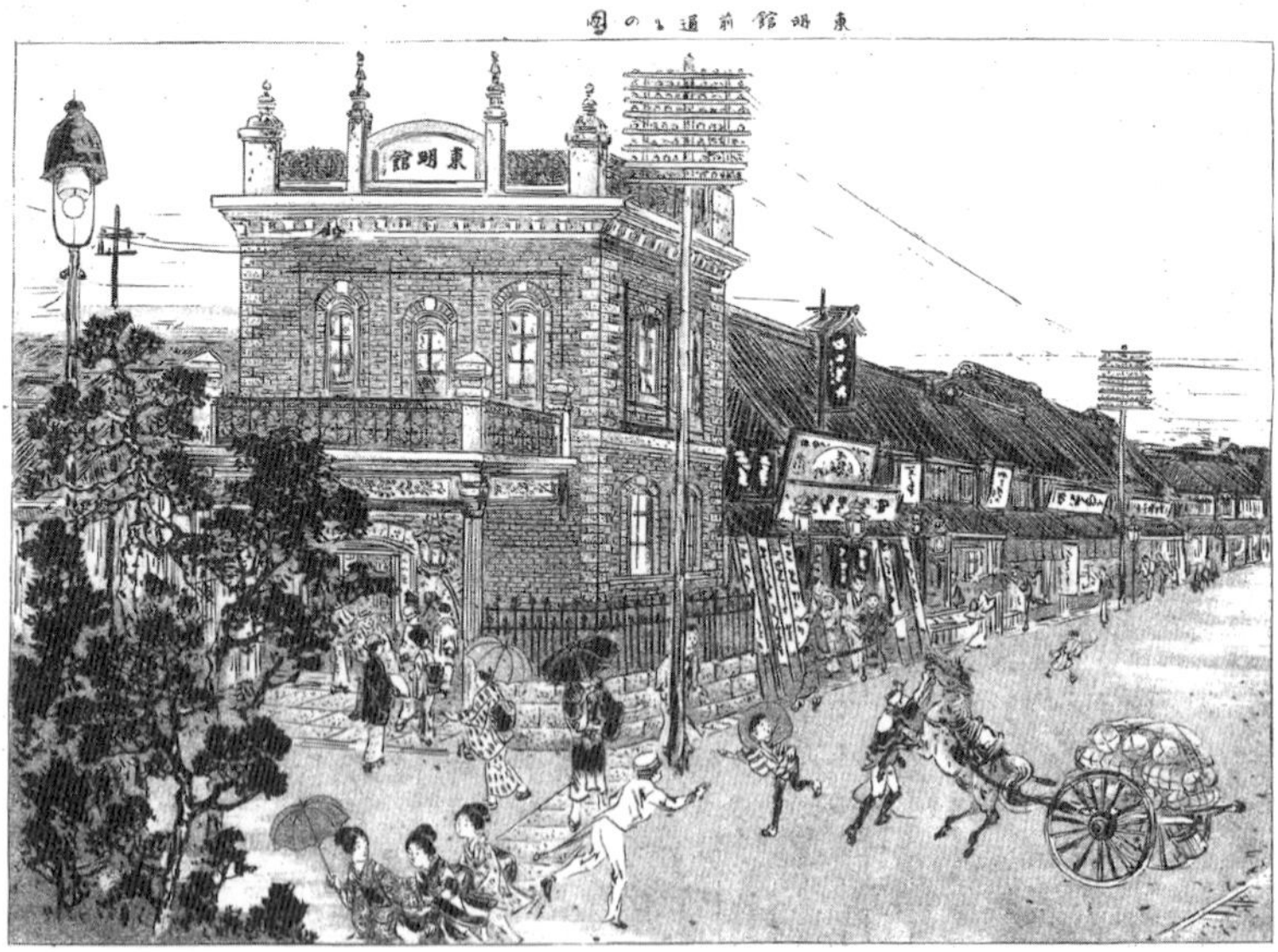

東京神田の勧工場「東明館」（明治32年7月25日「風俗画報」）

身分

25 華族～探偵が不祥事を捜査～

明治二年（一八六九）六月十七日、版籍奉還《はんせきほうかん》と同日に出された行政官布達五十四号により、従来の公卿《くぎょう》・諸侯《しょこう》（公家と大名）は、すべからく華族と称されることになった。これは、「士農工商」の身分制を廃止し、四民平等を進める中で、いままでの特権階級の不満を和らげようとする措置であった。全国で四百二十七家が華族に組み入れられている。

明治四年（一八七一）十月に皇族華族取扱規則が制定され、彼らは一般国民の上位に位置付けられ、四民の模範となることが求められた。明治七年（一八七四）には彼らのために華族会館が建てられ、同十年（一八七七）十月には華族の子弟向けの教育機関「学習院」が創設された。

しかし、幕末以来彼らのほとんどは無為徒食の徒《と》であった。華族の特別扱いに対する国民の目は厳しかったようである。「華族は進んで軍人たれ」とか「華族も生計の路に付け」といった意見が新聞に載ったこともあった。

経済的に困窮した華族の不祥事も頻発する。破産を繰り返したり、不満分子を募って逮捕されたり。政府はその対策として、華族の品位を汚した者を処分するため、明治九年（一八七六）五月二十四日、華族懲戒例《かぞくちょうかいれい》を制定した。

しかし、その懲戒内容は、軽いほうから譴責《けんせき》（譴責書が下される）、謹慎《きんしん》（十日から百日の外出禁止）、蟄居《ちっきょ》（外出禁止と次の相続人への相続）の三種類で、どれほどの効果があったか分からない。

実際、明治十三年（一八八〇）八月三十日の『東京日日新聞』に「華族の品行をチェックする探偵が華族会館に四名配置された」という記事があるから、探偵を置かねばならぬほど、華族の不祥事は続いていたということだろう。ちなみに、日本最古の探偵事務所とされる「岩井三郎事務所」が発足したのは、明治二十八年（一八九五）のことである。

一方で明治十七年（一八八四）七月七日、政府は勲功のあった者を華族に列するために華族令を発布する。同時に華族は、ヨーロッパの貴族制度を参考に、公爵《こうしゃく》、侯爵《こうしゃく》、伯爵《はくしゃく》、子爵《ししゃく》、男《だん》爵《しゃく》の五爵に格付けられた。この制度によって、爵位が恣意的に乱発されることになり、それがまた、世間の批判を浴びた。

華族の量産は不祥事の増加にも繋がり、伯爵夫人の不倫スキャンダルなどは、恰好の井戸端会議のネタとなったに違いない。華族制度は昭和二十二年（一九四七）、日本国憲法の施行に伴って廃止された。

26 士族の商法〜落語のネタがごろごろ〜

明治二年（一八六九）六月二十五日、政府は旧武士階級（一門以下平士まで）を士族と呼ぶ行政官布達を出した。華族制度を定めた布達の十八日後のことである。士族には、はじめのうちこそ家禄が与えられたが、やがてそれも廃止され、彼らは江戸時代に有していた身分的及び経済的特権を失ってしまう。

明治五年（一八七二）における全国の士族の人口は、百二十八万二千百六十七人であった。彼らは生きていくために様々な商売を始めるようになる。人気戯作者《げさくしゃ》になった橋爪錦造（梅亭金鵞《ばいていきんが》）や、剣術の実演興行を行った榊原健吉など、武士時代の知識や技術を生かして、成功した者もあったが、多くは慣れない商売に手を出して失敗した。「士族の商法」と揶揄《やゆ》された所以《ゆえん》である。

そうした中、「士族の汁粉屋」という題目の落語が生まれる。ある殿様がお姫様や家来とともに汁粉屋を始めた。町人の客が店に入ると、家来が迎え出て「何の汁粉を食べるのだ」と聞くが、品書きが見当たらない。

「今、蝋色金蒔絵《ろいろきんまきえ》の下げ札をこしらえているところだ。まだ出来上がっておらぬ」

家来はそう言ってから、

「御前《ごぜん》汁粉というのが普通の汁粉、紅餡《べにあん》は紅が入っており、塩餡は焼塩が入っておる」とメニューを説明した。

客が塩餡を注文すると、

「さようか、しばらく控えておれ」と答えて、殿様の所へ伺いに行く。

「町人が塩餡をくれろと申しますが、いかが仕《つかまつ》りましょう」

「くれろと言うなら、やるがよい」と殿様。

しばらくして、お姫様が給仕に現れ、「これ町人、お前かわりを食べるか」。

「へい、ありがとうございます。是非頂戴したいもので」

「ならば、少々ひかえていさっしゃい」

……これじゃ、どちらが客か分からない、というオチである。

また、「士族の鰻《うなぎ》」というのもあって、ある士族が金に困って鰻屋を始め、幸い腕のいい板前のおかげで店は繁昌するが、その板前は酒癖が悪く失態を重ねたため店から追い出してしまう。しかたなく主は自分で鰻を捌《さば》こうとするが、もちろんうまくいかない。

ぬるぬるすべる鰻を捕まえようと表に飛び出す。「旦那さま、どちらへお出かけで」と問う奥方に主は、

「そんなことが分かるか。鰻に聞け」と言うのがオチである。ほかにも「士族風呂」、「士族の車」などの小話もつくられたが、商売に失敗した者は、悲惨な状況に追い込まれ、中には乞食に身を落としたり、娘を遊郭に身売りしたりする例もあったという。

27 苗字〜いい加減な命名法〜

江戸時代は幕府の政策で、武士、公家以外は原則として苗字を名乗ることが許されなかった。士農工商という身分制度を維持するためであり、農民たちは「甚兵衛《じんべえ》」とか「弥助《やすけ》」とかファーストネームで呼び合っていたのである。

明治に入って、新政府は近代国家の形成を目指し、四民平等を図るため、平民が苗字を持つことを許可した。明治三年（一八七〇）九月十九日のことである。

そして、翌年四月に戸籍法が制定され、明治五年（一八七二）八月には、苗字名前を改称してはならない、という布告を出した。しかし、苗字の届け出はスムーズに行われなかったらしく、明治八年（一八七五）二月には、苗字を名乗ることを強制する布告を出している。

こうした相次ぐ布告の背景には、徴兵制の本格実施が関係していたのだが、政府の性急な苗字強制は、さまざまな混乱を招いたようだ。平民の多くは、苗字が名乗れると大喜びしたものの、自分では思いつかず、地域の有力者に泣きつく者もいた。

明治の文筆家・石井研堂《けんどう》は、著書『明治事物起源』の中で、町の顔役であった彼の父親が、住民からの依頼に応じ、彼らの苗字を選んでやった話を記録している。

それによると、すぐに種々の苗字を選びつくしてしまい、あとは煎茶の銘柄から、青柳、喜撰、鷹爪、宇治と命名したり、徳川四天王から酒井、榊原、井伊、本多の名を付けたりした。と、住民の一人が、「このようなもったいない苗字を付けても、お上からおとがめはないでしょうか」と尋ねたのに対し、石井の父は「心配せずともよい」と言って諭《さと》したという。

かなりいい加減な苗字の命名は各地で行われたようで、鹿児島の指宿《いぶすき》では、現地にある鰻池にちなんで集落中が鰻という苗字を、愛媛県では集落ごとに網具や野菜、魚の名の苗字を付けた例もあるそうだ。

そんなこんなで、折角付けた苗字に不満を持つ者も少なくなったのだろう、明治九年(一八七六)一月、改名許可基準を緩和する太政官布告が出されている。

28 結婚～破綻した「契約結婚」～

江戸時代、結婚の形態は身分によってかなり異なっていたようだ。武家社会では、「家」を重んじる考えから、親が決めた相手(許嫁《いいなずけ》)と結婚するケースがほとんどであった。ところが、農村においては、年頃になると男は若衆宿《わかしゅやど》、女は娘宿などに集まり、互いに交流した。その間、夜這《よば》いも含めた恋愛期間があり、カップルが成立すると、周りの大人たちの承認を得て、結婚にいたった。自ずと貞操観念は希薄で、離婚も多かったという。

都市の商工民も田舎出身者が多数いたから、農村部の風習を引き継いでいたようで、この開放的な性文化が開国後、欧米人に野蛮だと批判された。その批判をかわすため、明治政府は一夫一婦制に基づく結婚の制度化を進めた。

明治四年（一八七一）四月、戸籍法が制定され、結婚するに当たって華族は太政官に、士族以下は管轄府県へ願い出るよう義務付けられた。また、同年八月には四民平等の思想から、華族から平民に至るまで通婚が許され、明治六年（一八七三）三月には、日本人と外国人の結婚も許可する通達が出された。一方で、当初第二親等と認められていた第二夫人（権妻《ごんさい》）は、明治五年には不可となった。

江戸時代の結婚式は、婿の家に親戚の者が集まり、飾り付けた床の間の前で盃を交わす、いわゆる祝言《しゅうげん》であった。明治に入ると、結婚の制度化に伴い、欧米に倣った西洋式の結婚式を挙げる者が現れる。明治七年（一八七四）一月二十七日に三浦十郎という宮崎県の士族が、留学中に知り合ったドイツ人女性と、築地の教会で米国の牧師により洋式結婚式を挙げたという記録が残る。しかし、日本人同士の結婚で先鞭をつけたのは、元薩摩藩士で、のちに初代文部大臣となる森有礼《ありのり》であった。

明治八年（一八七五）二月六日、二十九歳の森は旧幕臣・広瀬秀雄の長女・広瀬阿常《おつね》と、東京木挽町の森邸で、親戚友人ら臨席の元「契約結婚式」を挙げた。同年二月七日の『東京日日新聞』にその「約条」が紹介されている。

第一条　今後、森有礼は広瀬阿常をその妻として、広瀬阿常は森有礼をその夫となすこと。

第二条　双方存命にしてこの約条を破棄しない間は、共に余念なく相敬い、相愛して、夫妻の道を守ること。

第三条　有礼阿常夫妻の共有すべき品については、双方同意の上でなければ、他人に貸借あるいは売買の契約をしないこと。

要は、新郎新婦は死ぬまでお互いを大切にすると誓い合う、現在では当たり前の内容であり、一方がこれを犯した場合、もう一方は官に訴えることができる、としている。

しかし、有力者は妾を抱えることが少なくなかった当時、これは、かなりセンセーショナルに受け止められたようだ（森はかねてから『明六雑誌』などで畜妾《ちくしょう》の弊習を批判し、西洋のような一夫一妻が望ましいと主張していた）。

森有礼

なお、この結婚式には大久保利通や福沢諭吉も出席、福沢は証人として式の進行役を務めている。

ところが、森と阿常の歴史的意味のある結婚は、わずか数年で破綻してしまう。理由は、阿常の義弟の不祥事により、森が阿常を追い出したとか、才色兼備の阿常が不貞を働き、目の色の違う子を産んだからとか、諸説あってはっきりしないようだ。

その後、森は岩倉具視の娘と再婚するが、前回の失敗で懲りたのか、この時は契約結婚式の体裁はとらなかったらしい。

ところで、明治九年（一八七六）一月三日には、同志社の創設者である新島襄も、会津藩士の娘・山本八重とアメリカの宣教師・デイビスの邸宅でキリスト教式の結婚式を挙げている。しかし、一般庶民が結婚式を挙げるまでには、かなりの時間を要した。

明治二十年（一八八七）八月に立正安国会《りっしょうあんこくかい》（現「国柱会《こくちゅうかい》」）が仏教式の結婚式の規定を定め、また、明治三十三年（一九〇〇）五月の皇太子（のちの大正天皇）の結婚を機に、神宮奉斉会《じんぐうほうさいかい》が神前式の婚姻儀式を創設したことで、ようやく国民の間に（仏前及び神前の）結婚式が広がっていったのである。

治安

29 廃刀令～摺子木を腰に～

江戸時代の武士に、大小の刀は付き物であった。時にそれを抜いて、切り捨て御免に腹切り（切腹）。西洋人の目には野蛮極まりないものに映ったに違いなく、維新後の明治二年（一八六九）、森有礼が近代国家形成のために一刻も早い佩刀《はいとう》禁止を訴えたが、「皇国の元気を消滅させる」との理由でこの時は却下された。

明治四年（一八七一）八月九日、散髪脱刀令が出される。これは散髪、洋服は自由、華族・士族は刀を持たなくてもよい、という趣旨で、廃刀を強制するものではなかった（ちなみに平民については、明治三年十二月二十七日に帯刀禁止のお触れが出されている）。

一般国民の帯刀が原則禁止されるのは、明治九年（一八七六）三月二十八日に出された太政官布告「大礼服並軍人警察官吏等制服着用の外帯刀禁止の件」（廃刀令）においてである。国民皆兵や巡査の制度が整ったことで、もはや帯刀の必要性はなくなったと判断されたのである。

しかし、何百年も続いた武士の世の風習である。廃刀が徹底するまでには、いろいろと珍妙な現象が見られたようだ。廃刀令は帯刀を禁止したものの、刀の所有までは禁止していなかったので、刀への愛着が捨てきれず、刀を袋に入れて持ち歩いたり、肩に担いで歩く者もいたという。

明治九年（一八七六）五月四日の『郵便報知』に次のような記事がある。

「石川県下で、帯刀禁止以来、腰間が淋しいとみえ、大きな摺子木《すりこぎ》を差し込んでスラスラ歩く者がある。何でも腰に付けるのが得手なら、貧乏人の厄介者でも腰巾着《こしぎんちゃく》に付ければよかろう」

帯刀を警官に咎められる田舎者（明治9年4月4日「東京絵入新聞」）

腰に摺子木とは、まるで漫画のようないで立ちだが、明治十年（一八七七）三月六日の『東京曙新聞』には、大阪府から内務省への「伺い」についての記事が出ている。

「相撲興行の際、行司は従来脇差を帯用しているが、帯刀禁止の規則につき、登場の時のみ木刀を用いることにしたいと申し出があった。これは遊芸の一部であり、劇場で役者が帯刀するのと格別変わるものではないから、聞き届けてかまわないか、お伺いする」

これに対して、内務省の回答は「木刀といえども佩刀の儀は相成らず」というつっけんどんなもの。廃刀令は厳しく運用されたようだ。

30 仇討ち禁止令～それでも父の仇を討つ～

廃刀令が出る前の明治六年（一八七三）二月七日、仇討《あだう》ち禁止令が発布されている。幕末までは、仇討ちは公許され褒美すら与えられたため、しばしば行われたが、明治に入って刑罰は国家が行使すべきものとして、仇討ちも禁止されたのである。

法律違反となると、さすがに仇討ちは影を潜めたが、明治十三年（一八八〇）十二月十七日、史上最後の仇討ち事件が起こる。犯行に及んだのは、臼井六郎という秋月藩士の息子。六郎の父・臼井亘理《わたり》が、鳥羽伏見の戦いから帰郷した明治元年（一八六八）五月のある夜、何者かが臼井家に侵入し、亘理と妻・八重子が殺害された。

三歳の六郎の妹・つゆもけがを負ったが、六郎は乳母と添い寝していたため、難を逃れた。成長した六郎は、父殺害の犯人が藩内の干城隊《かんじょうたい》メンバーである一瀬直久という人物であることを知る。亘理は、開国論を唱えていたため、尊王攘夷派である干城隊に命を狙われたのであった。

六郎は、父母の命を奪い幼い妹を傷つけた一瀬への復讐を決意する。一瀬が東京で裁判員になっていることを聞いた六郎は、遊学を口実に自らも上京し、剣撃を学びつつチャンスを待った。

そして決行の日、六郎は元秋月藩主・黒田長徳《ながのり》の邸宅から戻ってくる一瀬を待ち伏せ、「父の仇《かたき》！」と叫ぶと、父の形見である短刀で一瀬をめった刺しにし、思いを遂げた。そして、その足で人力車に乗り、警察へ自首したのである。

新聞各紙はこの仇討ち事件を大きく取り上げた。世間はおおむね六郎に同情的で、本や講談、芝居の題材にもなった。翌年の裁判で終身刑が言い渡されたが、本来なら死刑のところを閏刑《じゅんけい》（士族など身分のある者に科せられる寛大な刑。身分刑）が適用されて終身刑となった。

明治二十二年（一八八九）の帝国憲法発布に伴う恩赦で、六郎は出獄が許され、その後は妻を娶り、妻と共に饅頭を売ったり、九州鉄道鳥栖駅前で待合所を開いたりして暮らしたという。

臼井六郎仇討ち事件顛末記の挿絵（明治13年12月「有喜世新聞」）

31 徴兵令〜頻発した徴兵逃れ〜

戊辰戦争における新政府軍は、薩摩、長州、土佐など諸藩の藩兵からなり、指揮系統も別々で、新政府が独自に組織したものではなかった。

近代的な軍隊を創設するには徴兵制が不可欠と考えた明治政府は、明治三年十一月十三日（一八七一年一月三日）、まず山県有朋の構想を元に徴兵規則を制定、各府藩県一万石につき五人を徴兵することを定めた。

続いて、翌明治四年（一八七一）二月十三日、明治天皇の親衛を目的に薩摩・長州・土佐の兵からなるフランス式の御親兵一万人が組織され、廃藩置県に備えた。

そして明治六年（一八七三）一月十日、三年間の兵役を国民の義務とする徴兵令が発布される。江戸時代、軍権は武士の独占であったから、国民皆兵の布告に庶民の間に動揺が広がった。そして、それは徴兵令に対する様々な誤解やデマを呼び起こした。

『東京日日新聞』の記事から拾ってみると……。

「この頃、銭湯や床屋で、日本と朝鮮との間に不和が起こり、寅年生まれの男子を徴して、兵として朝鮮に送るとの噂があり、そのため、寅年生まれの男子は恐れおののき、その父母は大いに嘆いている」（明治六年二月十二日）。

これは、征韓論華々しき折から、朝鮮征伐に赴いた加藤清正《きよまさ》のトラ退治からくる発想であろうか。また、女性も徴集されるという突拍子もないデマも発生した。

「未だ縁付かない十三歳から二十歳の処女を外国へ派兵するという噂が静岡県下で広まり、壮年の婦女はにわかに媒酌を頼んで縁談を促し、あるいは剃眉染歯（お歯黒）して、それを逃れようとしている」（同年三月二十日）。

さらには、徴兵から逃れるため、六歳の少女と縁組しようとした僧の話（明治七年十月二十六日）や、徴兵されれば、もうこの世では会えないと悲観した男とその妻、老母の三人が首をくくって心中したという記事もみえる（明治九年八月二十九日）。

徴兵制には免役規定があり、官省府県の役人や官公立専門学校の生徒、留学生、一家の主人、嗣子、養子などは兵役が免除されており、六歳の少女と縁組しようとした僧侶は、そこに目を付けたのだろう。

こうした事態を重く見た右大臣・岩倉具視は、明治十年（一八七七）二月一日、各府県へ次のような布達を出した。

「兵役は国の大事、人民は必ず服さなければならない義務であるが、人民はいまだ全くこれに通暁しておらず、徴募の際ややもすれば、にわかに他人の養子となり、または廃家の苗跡を冒し、はなはだしきは、自らの支体を折傷する等をもって忌避する者まである。このため、定員の不足が生じるに至り、不都合が少なくないため、管下の人民へ丁寧に説諭し、努めてこれらの忌避を防ぐよう致すべきこと」

こんな状況から「百姓兵（招集兵）」は役に立たないのではないか、と危惧する声も上がった。西郷隆盛などは、薩摩兵以外に天下に兵はないと豪語していたようだが、明治十年（一八七七）の西南戦争では、徴兵制による政府軍が、士族から成る薩摩軍を大いに打ち破り、その実力を天下に示したのであった。

もっともその翌年、西南戦争の論功行賞に対する不満から、近衛砲兵二百数十名が反乱を起こした（竹橋騒動）のは、政府にとって何とも皮肉な事件と言えた。

薩摩軍を制圧するため横浜港を出発する官軍の兵
（1877年「イラストレイテッド・ロンドン・ニュース」）

32 巡査（邏卒）～あだ名は「三尺棒」～

江戸時代の警察組織といえば町奉行《まちぶぎょう》である。もっとも、町奉行は警察の機能だけでなく、裁判所や行政、防災の機能も併せ持っていた。江戸の場合、北町奉行と南町奉行があり、それぞれに二十五名の与力《よりき》が配属され、与力は四、五名の同心を指揮していた。

犯罪捜査に当たるのは、同心のうちの三十名程度で、彼らは私的に二、三名の「岡っ引」を雇っていたものの、人口百万人の江戸の治安を守るにはきわめて不十分な体制であった。ちなみに、大岡越前や遠山の金さんは町奉行、中村主水《もんど》は同心である。

江戸幕府が崩壊すると、軍隊である諸藩の藩兵が市中の治安維持に当たった。明治四年（一八七一）七月、政府は旧藩士から邏卒《らそつ》三千人を募集して、東京府の取締りに当たらせたが、これが近代警察の始まりとなった。

その後、留学経験のある薩摩出身の川路利良《かわじとしよし》が、フランス警察に倣《なら》った制度改革を建議し、明治七年（一八七四）一月、東京警視庁が誕生した。川路は初代大警視（今の警視総監に当たる）に就任している。

なおこの時、邏卒の名称は巡査に改められた。邏卒とは「巡邏《じゅんら》する兵卒」の意味であったので、前年に徴兵令が発布されたことにより、軍隊の兵卒と区別するため改称されたのであった。ちなみに、巡査は「巡邏査察」の省略形なのだそうだ。

巡査は洋装の制服制帽を身に付け、通称ポリスと呼ばれ、市民を「オイ、コラッ」と叱りつけるなど、高圧的な態度をとることが多かった。しかし、帯刀は許可されず、代わりに三尺棒を携帯したため、庶民からは陰で「三尺棒」と揶揄《やゆ》された。

これは、武士上がりの巡査には相当な屈辱だったようだ（廃刀令が出される明治九年までは、士族であれば帯刀が許されていたのだ）。「士族の貧乏三尺棒となり」という狂句も生まれたぐらいである。

明治七年（一八七四）五月二日の『新聞雑誌』に、二名の巡査がかねて渡してあった官棒（三尺棒）を理由なく切断した罪により、一円五十銭の罰金と棒代の弁償を言い渡されたという記事がみえる。あるいはこの二人、自らの不遇をこの中途半端に長い警棒に当たって、憂さ晴らしをしようとしたのかもしれない。

ちなみに、全ての警察官にサーベル（西洋風の刀剣）の佩用《はいよう》が認められたのは、明治十六年（一八八三）五月四日のことである。

三尺棒を持つ巡査（「明治奇聞」）

33 事件簿〜毒婦〜

明治四年（一八七一）一月、「毒婦事件」が世を騒がせた。下野《しもつけ》烏山《からすやま》藩主・大久保佐多守の側室・原田きぬは、佐多守の死後、元の芸者の生活に戻るが、金貸し業の小林金平に身請けされる。小林はきぬを溺愛、しかしきぬのほうは、歌舞伎役者の璃鶴《りかく》（のちの市川権十郎《ごんじゅうろう》）に役者買いするほど入れ込み、邪魔になった小林を殺鼠剤《さっそざい》で毒殺する。

きぬは璃鶴を半ば脅迫して一緒に暮らし始めるが、犯行から六か月後の明治四年（一八七一）七月十日、小林殺しの捜査をする第五屯所の大崎宗九郎に逮捕された。裁判によりきぬは梟首《きょうしゅ》（さらし首）の判決を受ける。ただこの時彼女は妊娠していたため、刑は出産を待って翌年二月二十日に執行された。

辞世の句「夜嵐《よあらし》のさめて跡なし花の夢」を残したことから、彼女は「夜嵐おきぬ」の渾名《あだな》が付けられる。また、男を毒殺したので「毒婦《どくふ》」とも呼ばれ、以来世間は性根が悪く、人殺しをするような女を毒婦と称するようになった。

夜嵐おきぬの事件から五年後、新たな毒婦事件が起こる。明治九年（一八七六）八月二十八日、東京浅草の旅籠屋「丸竹」から客の男が死んでいると警察に通報が入る。第五方面一署の巡査が丸竹へ駆け付けると、四十年配の商人風の男が、宿泊していた部屋の布団の上で、喉《のど》を鋭利な刃物で切られ息絶えていた。

捜査の結果、殺された男は古物商の後藤吉蔵と判明。吉蔵と同宿し、その日の朝に宿を出ていった高橋お伝《でん》という女が容疑者として浮かんだ。九月九日、強盗殺人容疑でお伝逮捕。取調べで、お伝は姉を殺された敵討ちであるなどと主張したが、事実はそうではなかった。

上野国《こうずけ》利根郡下牧村で生まれたお伝は、十代で同郷の高橋浪之助と結婚するが、浪之助とは死別。その後、小川市太郎というやくざ者と恋仲になる。しかし、市太郎は借金まみれで、お伝はその返済のため、後藤吉蔵に金の無心をすると、好色な吉蔵は自分の愛人になるならと条件を出した。

愛する市太郎のため、お伝は吉蔵の条件をのみ、丸竹で同宿したのだが、吉蔵が金を出すのを渋ったので、二十七日正午頃、吉蔵が熟睡しているのを見定めて、彼の喉を剃刀《かみそり》で掻き切り殺害したのだった。

翌日の朝まで、死体とともに平然と同じ部屋にいたこと、死体から二十六円の金を盗んだことなどから、彼女もまた毒婦の条件を満たしたのだった。お伝は明治十二年（一八七九）一月三十一日、斬首刑に処された。

時は下って明治二十年（一八八七）、再び毒婦の名が聞かれる。同年六月九日、東京浜町の美人芸妓・花井お梅は、自分の雇人である峯吉を浜町河岸において刃物で刺し殺害する。折り合いの悪い父との関係改善を峯吉に頼んだところ、自分のいいなりになったら、と言われ暴挙に及んだという。

お梅は、父親に付き添われて久松警察署に自首。彼女はきぬ、お伝とは異なり、裁判には弁護士が立てられ、正当防衛的な部分があったのか、翌年無期徒刑の判決を受けた。そして、十五年後の明治三十六年（一九〇三）四月に釈放されたが、出獄時には毒婦・お梅を一目見ようと野次馬が押しかけ、彼女は刑務所の裏口から出たといわれる。

高橋お伝の処刑（宮武外骨「文明開化」）

34 事件簿二〜暗殺〜

幕末、京都を中心に暗殺の嵐が吹き荒れたが、明治に入ってからもしばらくは政情が安定せず、政府要人の暗殺事件が相次いだ。

明治二年（一八六九）一月五日に横井小楠《しょうなん》、同年十一月五日に大村益次郎《ますじろう》、明治四年（一八七一）一月九日に広沢真臣《さねおみ》、明治十一年（一八七八）五月十四日に大久保利通がそれぞれ暗殺により命を落としている。また、明治七年（一八七四）一月十四日には、岩倉具視が赤坂の仮皇居から帰宅途中、九名の不平士族に襲われるが、岩倉は皇居の四ツ谷濠に転落して難を逃れた。

このうち、横井、大村、大久保、岩倉については、直後に犯人がほぼ特定されたが、広沢の殺害犯の捜索は難航を極めた。広沢は長州藩士として討幕に活躍した実力者で、明治新政府では参議の要職を務めていた。

明治四年（一八七一）一月九日の夜、広沢は宴会のあと、自宅で妾の福井かねと就寝中に刺客に襲われ、刃物で十数ヵ所を刺され、絶命した。横井、大村に続く政府要人の暗殺に、明治天皇は異例の犯人逮捕督促の詔書を出した。

当然のことながら、警察当局は威信にかけて真犯人の検挙に乗り出す。事件直後、邏卒《らそつ》（巡査）にも知らせずに行方をくらました妾のかねが、有力な容疑者としてまず捕えられた。また、彼女と密通していた広沢家の家令《かれい》（執事）・起田正一《おきたしょういち》も逮捕され、両者は五年にわたって厳しい取調べを受けるが、結局は証拠不十分で釈放された。

その後も、警察の捜査は続けられ、現在の刑事ドラマよろしく、聞き込み、張り込みが展開されたのだろう。ガセネタによるものも含めて、八十数名が取り調べられたが、結局は真犯人を挙げることはできなかった。

捜査は長期化し、最後の容疑者として別件逮捕されていた中村六蔵が釈放されたのは、明治十三年（一八八〇）三月のことである。

この事件に関して、広沢と折り合いのよくなかった、同じ長州出身の政府要人、木戸孝允が黒幕ではないかという噂も流れたようだが、やはり根拠に乏しく、真相は今も謎のままである。

拷問を受ける福井かね（「文明開化」）

35 事件簿三～ピストル強盗～

江戸時代、鳥獣捕獲のための銃使用は認められていたので、武士以外の身分の者でも銃を所有することができた。幕末の政情不安な世になると、携帯しやすいピストルを所持して身を守る者も少なくなかった。有名な坂本龍馬の写真の、懐の中に忍ばせた彼の手にはピストルが握られていた、とはよく聞く話である。

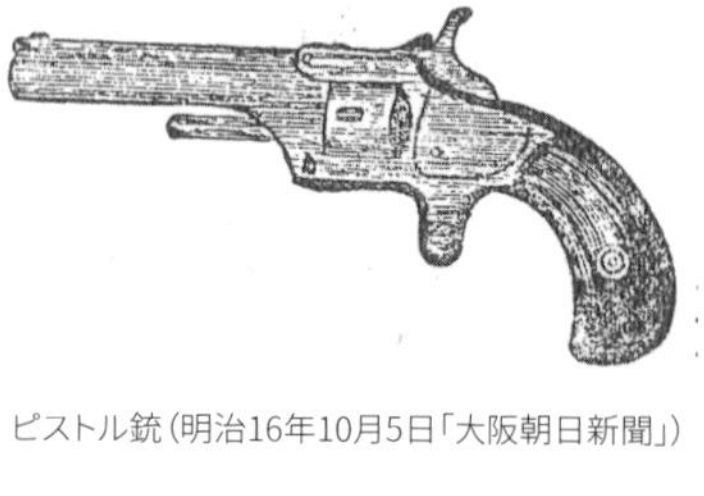
ピストル銃（明治16年10月5日「大阪朝日新聞」）

明治に入ってからも、許可を取れば誰でもピストルを手にすることができたようだ。いきおい、ピストルを凶器にした犯罪が発生する。

明治九年（一八七六）二月六日、東京蠣殻町《かきがらちょう》の両替屋にサーベルとピストルを携帯した泥棒が押し入り、文久銭《ぶんきゅうせん》（四文銭）を金八円分奪い、雇人の磯次郎にピストルを撃ちつけ、傷を負わせて逃げた、と当時の新聞に見えるが、この辺りがピストル強盗の走りだろう。

ピストル強盗として最も有名なのが清水定吉《さだきち》である。明治十五年（一八八二）から逮捕されるまでの五年近くの間に八十件以上の強盗を働き、五人を殺害したとされる。清水の逮捕劇は新聞各紙がセンセーショナルに取り上げたようだ。

明治十九年（一八八六）十二月四日の『東京日日新聞』の記事は次のようなものであった。

「昨朝午前五時頃、東京馬喰町《ばくろちょう》の商屋に顔を布で隠し、短銃を持った賊が押し入り、金を出せと脅した。隣で寝ていた雇人が気配に気づき、外へ飛び出そうとすると一発発砲。その音に驚いて近所は騒然となる。

その騒ぎに巡邏中の、久松町署詰めの小川侘吉郎巡査が駆け付け、逃走した賊を追いかけた。両国横山町で不審な男を見つけ、職務質問しようとすると、相手は突然短刀を取り出して切りつけた。小川巡査は胸部、腹部、額部に傷を負いながらも、勇敢に戦い、横山町派出所の巡査の助けもあって、男を取り押さえ、久松町署へ連行した」

その後の尋問により、男は連続ピストル強盗犯の清水定吉であることが判明する。小川巡査は清水逮捕の功績で、二階級特進の警部補に昇進したが、この時の傷がもとで、翌明治二十年四月二十六日、二十四歳の若さで死亡した。同じ年の九月、清水定吉は死刑に処されている。

この捕り物劇は浪花節や芝居のほか、明治三十二年（一八九九）には日本初の劇映画『ピストル強盗清水定吉』の題材となり、赤坂演伎座で上映された。ちなみに、この映画に警官役で出演した横山運平《うんぺい》が、日本の映画俳優第一号ということになっている。

ところで、日本の警官が銃を本格的に携帯するようになったのは、大正時代の後半に入ってからである。したがって、小川巡査はピストル強盗に対して、佩用《はいよう》するサーベルで立ち向かうほかなかったのだ。

そうかあらぬか、明治十六年（一八八三）十月五日の『大阪朝日新聞』にピストル銃の広告が出ている。自分の命と財産と貞操は自分で守らねばならない時代だったということだろう。

36 消防～作動に時間のかかった蒸気ポンプ～

「火事と喧嘩は江戸の華」といわれるほど、江戸の町は火事が頻繁に起こった。十七世紀の半ばから、定火消《じょうびけし》や大名火消など武家火消と呼ばれる消防組織がつくられ、十八世紀初頭の八代将軍・徳川吉宗の時代には、とび職らによる「町火消」が組織された。

火の見櫓から半鐘の音が鳴り響くと、有名な町火消「いろは四十八組」などが威勢よく出動して消火活動を行った。時代劇でよく見る場面である。

もっとも、大した消火機械のなかった当時、消火活動といっても、延焼を防ぐために火災周辺の家屋を破壊したり、龍吐水《りゅうどすい》（手押しポンプの一種で、放水の様子が、龍が水を吐くように見えたことからこう名付けられた）や水鉄砲など形ばかりの注水道具を使うのが関の山であった。したがって江戸市民は、いつ火災に遭いすべてを失うか分からず、彼らが「宵越《よいご》しの金を持たない」とうそぶきたくなるのも理解できようというものである。

さて、明治に入り、文明開化は消防にいかなる変化をもたらしたか。新政府は定火消や大名火消を廃止、町火消は東京府に移管され、明治五年（一八七二）四月には名称も消防組に改められた。その後、司法省警保寮《けいほりょう》、内務省警視局を経て、明治十四年（一八八一）六月には警視庁の所管となり、消防本署と改称されて警察機構の中に位置づけられた。

近代的な消火器具としては、西洋式の消火ポンプが登場する。明治三年（一八七〇）二月に腕用（手動）ポンプと蒸気ポンプが輸入されたのである。

翌明治四年に浅草で発生した大火で、初めて腕用ポンプが使われ、その有効性が確認されたといわれる。明治九年（一八七六）には腕用ポンプが国産化され、その性能は放水高が約二十七メートルに達した。明治十七年（一八八四）に安価な国産腕用ポンプの開発で量産が可能となり、江戸時代以来の龍吐水はこの年に廃止されている。

蒸気ポンプのほうは、東京の道路がまだ狭かったこともあって、なかなか普及が進まなかった。また、石炭を燃やして蒸気を発生させるのに二十分ほど時間がかかり、消防本署の近くで火災が発生した場合、その間火災現場の周りをぐるぐるまわって蒸気の発生するのを待たねばならなかったという。

しかしながら、蒸気機関を利用するだけあって放水力は腕用ポンプの比ではなく、やがて国産化もされて、人々に頼られる存在になった。なお、消防（ポンプ）自動車が登場するのは大正三年（一九一四）で、横浜市と名古屋市がそれぞれ、イギリスのメリーウェザー社とドイツのベンツ社のものを導入した。

蒸気ポンプによる消火活動（明治32年4月5日「風俗画報」）

交通

37 一銭蒸気～年間二百万人が利用～

嘉永《かえい》六年（一八五三）七月八日、ペリー提督率いるアメリカの艦隊が浦賀沖に現れる。人々は、煙突から蒸気を噴き上げる四隻の黒船に目を見張ったが、まさにこの出来事が、文明開化の始まりと言っても過言ではあるまい。

幕府や諸藩はこぞって、外国の中古商船を輸入し、武装を施して軍艦として使用した。明治に入ると、民間による蒸気船の平和利用が始まる。

大正時代に宮武外骨《みやたけがいこつ》が著した『明治奇聞《きぶん》』によると、明治の初め頃、まだ汽車が新橋～横浜間を開通する前までは、京浜間の海上を多くの小蒸気船が航行しており、その中に「娼妓丸《おいらん》」という船があったそうだ。築地の西洋料理店・精養軒は材料をこの船で運んだというが、船名には何かいわくがありそうである。

同書では、この船名を「客を乗せる船」という意味で付けられたとし、当時は吉原を歓楽の理想郷とした江戸時代の余焔《よえん》がまだ消えていなかったから、このような不真面目な名を付けたのだろうと解説、「オイラン酒」というのが流行ったのも、同根の発想であろうと付け加えている。

幕末の動乱を終えた当時の世相を反映しているようにも思えるが、それはさておき、蒸気船はその後も普及が進み、明治十八年（一八八五）に有名な「一銭蒸気《いっせんじょうき》」が誕生する。同年四月に隅田川の吾妻橋～永代橋間で運行を開始し、料金が一区間一銭であったためにそう呼ばれるようになったもので、船の発するエンジン音から「ポンポン蒸気」とも称された。

明治時代、東京には六十八の渡し場があったといわれる。江戸時代の渡し船といえば手漕ぎだったから、スピーディで馬力があり、しかも割安の蒸気船の登場で、どんどんそれに置き換わっていった。

しかし、時代の変化は速い。橋梁の建設が進むと、蒸気船の必要性も低下し、最盛期には年間二百万人を運んだ一銭蒸気も、昭和十七年（一九四二）に姿を消した。

一銭蒸気（明治28年5月10日「風俗画報」）

38 陸蒸気～年寄りが手を合わせる～

蒸気機関車は、イギリス人の技術者、リチャード・トレビシックが一八〇三年に発明したとされる。嘉永七年（一八五四）一月、二度目に来日したペリーは、アメリカ大統領から将軍への献上品を持参したが、その中に蒸気機関車の模型（実物の四分の一の大きさ）が含まれていた。横浜応接所の近くで早速実演されたが、煙を吐きながら走るその姿に、見学の日本人は皆目を見張った。この前年には、ロシアのプチャーチンも軍艦の甲板で模型の蒸気機関車を走らせて、幕府の役人を驚かせている。蒸気機関車は、「蒸気」と略称された蒸気船に対して「陸蒸気《おかじょうき》」と呼ばれ（命名は福沢諭吉とされる）、ともに西洋文明の偉大さを幕末の日本に強く印象付けたのである。

明治に入ると、近代的交通の整備を目指す新政府は、イギリスの協力を得て早速鉄道の建設に取り掛かった。しかし、地元住民の中には、蒸気機関車の吐き出す煙や火の粉による被害を心配する者もあった。

東京高輪《たかなわ》では鉄道の測量業務が妨害され、やむなくその付近は、海上を埋め立て路線が確保された。そうした課題を解決しつつ、二年間の工事を経て、明治五年（一八七二）五月、品川～横浜間で仮営業が始まり、同年九月十二日に新橋～横浜間（二十八・八キロ）が正式開業した。

新橋で催された開業式典には明治天皇も臨席し、天皇及び政府高官、各国公使を乗せた九両連結の一番列車（イギリス製で運転手も外国人だった）は、約一時間かけて横浜に到着した。その間、沿線は大変な人出で花火も上がり、田舎から出てきた年寄りなどはむしろを敷いて座り込み、「これも長生きしたおかげじゃ」と汽車に向かって手を合わせたという。

ところで、開業に先立つ明治五年（一八七二）五月四日、「鉄道略則」という太政官布告が出されている。その第七条には「吸煙並婦人部屋男子出入禁止ノ事」として、次のように書かれている。

「何人に限らず『ステーション』構内の吸煙のために設けた場所以外の場所、並びに吸煙のために設けた車両以外の車両において吸煙してはならない。また、婦人のために設けた車両及び部屋に男子が妄《みだ》りに立入ることを禁じる。もし、この禁を犯し鉄道係りの者の指示に従わない者は、直ちに車両並びに鉄道構内から退去させる」

これは取りも直さず、禁煙車両と女性専用車両のことを示しており、時代の先取りを感じさせるが、おそらくはイギリスの影響があったのだろう。しかし、実際には当初は双方とも設けられず、禁煙車両は明治四十一年（一九〇八）十月に、女性専用車両は明治四十五年（一九一二）一月になって初めて登場する。

トイレもしばらくは車両になく、明治二十二年（一八八九）五月十日、ようやく日本初のトイレ付きボギー車が走り始めるが、その直前の四月二十七日、肥田浜五郎《ひだはまごろう》御料局長官が、藤枝駅で停車時間中に駅のトイレで用を足し、動き出していた列車に飛び乗ろうとして転落、翌日死亡するという事故が起こっている。

日本の鉄道は、イギリスが世界で初めて鉄道事業を開始してから四十二年後、国としては世界で十六番目に始まっているが、その後の発展は目覚ましかった。全国的に官民挙げての整備が進み、鉄道国有化が完了した明治四十年（一九〇七）には総延長は四千八百六キロに達している。

スピード化も図られ、明治三十六年（一九〇三）一月には、初の特急（快速列車）が山陽鉄道の神戸〜馬関（下関）間五〇七キロを十一時間二十分で走った。平均時速は四十六キロ。当時の九州鉄道社長・仙石貢《せんごくみつぐ》（のちの鉄道大臣）は、余りの速さに恐れをなし、上京する際、その区間は汽船を使ったという。

しかし、鉄道事業の隆盛に異を唱える者もあった。例によって佐田介石は「鉄道亡国論」をぶち上げる。その趣旨の一つは、鉄道の延伸が続けば、枕木を確保するために日本中の木が切られてしまい、住む家が建たなくなる、というものであった。

汐留（新橋）駅待合風景の錦絵（明治6年）

39 人力車～日本人が発明した文明のリキ～

不思議なことに江戸時代の日本に車の付いた乗り物は発達しなかった。それは、道路状態が悪くて走らせにくかったとか、幕府がスピーディな乗り物を戦略上許さなかったのだとか諸説あるようだが、幕末になってもえっちらおっちら駕籠《かご》が行き来していたことを考えると、やはり幕府の意向が働いていたのだろう。

ともあれ、明治に入って文明開化は意外な乗り物を誕生させる。人力車だ。客を乗せる二輪の車両。そこから前に突き出た梶棒を一人の車夫が引く単純な構造は、外国から取り入れたものではなく、日本人の発明であった。

発明者は、和泉要助、高山幸助、鈴木徳次郎の三名で、彼らは明治三年（一八七〇）に人力車の製造販売と「タクシー営業」を申請して許可を得た。人力車は駕籠より速く、馬よりも安かったので人気を呼び、また、タクシー営業の新規希望者には和泉らが（寛容にも）鑑札を与えたことから、急速に普及した。

江戸に一万台あったといわれる駕籠は、明治五年（一八七二）までに姿を消し、駕籠かきは人力車夫に転職、士族や女性の車夫も出現したという。しかし、人力車の急激な増加は車夫の質の低下を招き、中には女性に不当な料金を要求するような不届き者も現れた。そこで、同年四月に「人力車渡世之者心得規則」が制定され、人力車夫のしつこい乗車勧誘や悪質な強請《ねだ》りなどが禁止された。

ともあれ、その後も人力車数は増え続け、明治八年（一八七五）に全国で十一万四千台、ピーク時の明治三十一年（一八九八）には二十万四千台に達した。また、人力車メーカーの秋葉大助が明治十八年（一八八五）に欧州、アジア、アフリカに向けて人力車の輸出を初め、人力車は「リキシャ」の名で国際的に知られるようになる。

法被《はっぴ》にもも引き、饅頭笠《まんじゅうがさ》に草鞋《ぞうり》掛けというのが人力車夫の標準スタイルで、駅の広場や橋の袂などで、たむろして客を待つ光景が見られた。また、官吏や医者、政治家、実業家などは、お抱えの車夫を雇い、それが一種のステイタスシンボルとなった。

人力車の構造も徐々に進化し、明治十六年（一八八三）頃には、木製の車輪に鉄輪がはめられるようになり、明治末年にはワイヤースポークにゴムタイヤが出現している。

ところで、明治二十四年（一八九一）五月十一日、人力車夫が脚光を浴びる大事件が起こる。来日中のロシア皇太子ニコライ・アレキサンドロビッチが、京都の常盤《ときわ》ホテルから人力車で琵琶湖への日帰り観光に出かけた際、警備をしていた滋賀県警の巡査・津田三蔵にサーベルで切りかかられた。

世にいう大津事件であるが、この時、皇太子一行を運んだ人力車夫、向畑治三郎《むかいばたじさぶろう》と北賀市市太郎《きたがいちいちたろう》が勇敢にも犯人に立ち向かい、これを取り押さえたのだ。

皇太子の命に別条はなかったが、事件の報復にロシアが日本に攻めてくるのでは、と全国に衝撃が走り、明治天皇が常盤ホテルにロシア皇太子を見舞い、神戸港に停泊中のロシア軍艦まで見送るという大変な事態となった。

幸いなことにロシアの報復は行われず、逆に功績のあった二人の車夫にロシアから莫大な報奨金と年金が授与された。日本政府は、日本を救った彼らに対して異例の勲章を与え、二人は「帯《たい》勲《くん》車夫」と呼ばれ一躍有名人になったのであった。

もっとも、その後の二人の人生は明暗をくっきり分けた。北賀市は報奨金で田畑を購入し、勉学して郡会議員にまでなるが、向畑のほうは博打に明け暮れ、また婦女暴行事件を起こして逮捕され、勲章も没収されたという。

二人乗りの人力車(「明治奇聞」)

40 鉄道馬車～都電の軌道幅に痕跡が残る～

江戸時代、牛を使った牛車は存在したが、馬の曳く馬車は見られなかった。当時車の付いた乗り物が発達しなかったのは、劣悪な道路状況や幕府の戦略上の規制に原因があったとされるが、馬車に関しては、馬は牛に比べて数が少なく高価であったこと、性質が臆病で扱いにくく安全上問題があったこと、また、馬は武士専用の乗り物でステイタスの象徴であったこと、などが付け加わるようだ。

そもそも馬は、古墳時代に朝鮮半島から騎馬民族によって、騎馬文化とともにもたらされたので、西洋のような馬車文化は広がらなかったのだという説も面白い（西洋では、映画「ベン・ハー」を例に出すまでもなく、古代ローマの時代から軍事用に馬車が使われていた）。

ともあれ、幕末になると、外国人の使う馬車が日本人にも知られ始める。横浜居留地では外国人によって街路が整備され、馬車が行き交うようになったので、今に残る「馬車道」という地名が生まれたのだ。

そして明治二年（一八六九）五月、写真家でもある下岡蓮杖らが日本人として初めて乗合馬車の会社を設立し、東京～横浜間で営業を開始した。二頭立てで六人乗り、所要時間は約四時間、運賃は七十五銭だった。

一人乗りが基本の人力車に比べると、乗合馬車は断然輸送力があり、各地で運行が始まった。

明治五年（一八七二）には東京の市街でも乗合馬車が走り出し、こちらは当初三頭立てで乗車部は二階建てだったが、カーブでよく転倒し、死亡事故も発生したため、ほどなく二階建ては禁止になった。

トテトテとラッパの音を響かせて走り、落語家の橘屋円太郎《たちばなやえんたろう》が高座で、ラッパを吹く馬丁《ばてい》のまねをしたところ大いに受け、以後東京の乗合馬車は「円太郎馬車」と呼ばれるようになった（ちなみに、大正時代になって東京で乗合バスの営業が始まった時、そのバスのことを人々は「円太郎バス」と呼んだ）。

さて、明治十五年（一八八二）六月、新橋～日本橋間に鉄道馬車なるものが開通する。鉄道馬車とは、道路に敷いたレールの上を走る乗合馬車のことで、イギリスの都市では十九世紀初頭から採用されていた（鉄道は、蒸気機関車より先に馬を動力として誕生したのである）。

二頭立てであったが、二、三十人の乗客を乗せることができ、時速は約八キロで、新橋～日本橋間を十四分で走った。イギリス製の真っ赤な車体とシートはゴージャスな雰囲気を醸し、運賃も一区間三銭と安かったため、庶民の人気を呼び、用もないのに乗車する愛好家もいたようだ。

その後、路線も延長され、全盛期には一日に三十台が運行し、二百頭の馬が使われたといわれる。鉄道馬車の開通によって、沿線の乗合馬車は駆逐され、また、鉄道馬車に脅威を感じた人力車夫たちは、「車会党《しゃかいとう》」という組織を作って対抗したという（この車会党を日本初の無産政党とする説もあるとか）。

鉄道馬車は、行き先を示す赤や青のランプを灯し、ラッパに代わってリンリンと鈴を鳴らしながら走った。ただ、当時のレールは四角断面だったため、土砂がたまりやすく、人力車夫の妨害もあって、カーブではよく脱線したようだ。そのたびに乗客は車体をレールに戻す作業を手伝ったという。

約二十年間にわたって東京市民の足として活躍した鉄道馬車も、路面電車の整備とともに急速に姿を消した。しかし、その痕跡が人知れず残されている。現在の都電の軌道幅は、四フィート六インチ（千三百七十二ミリ）という特殊なものであるが、これはかつての鉄道馬車の軌道幅に由来する。

東京京橋付近を行き交う鉄道馬車の錦絵（明治15年）

41 自転車〜初期には様々なタイプがあった〜

自転車は、ドイツのカール・フォン・ドライスが一八一七年に発明したというのが、現在のところ通説のようである。その後ヨーロッパにおいて改良が重ねられ、日本には幕末に渡来したと考えられている。明治に入ると貸自転車屋が現れ、有料で自転車の貸し出しを行ったようだ。

明治十二年（一八七九）一月の『藝術叢誌《げいじゅつそうし》』第三十一号に貸自転車屋の体験談が出ている。

「東京神田佐久間町秋葉ヶ原へ、三ツ車の自転車を五両ほど持ち出し、十分ばかりの時間を二銭で貸すというと、宿下がりの丁稚《でっち》や往来の壮丁《そうてい》（成年男子、労働者）が競って乗り回し、僅かの間に意外の利益を得た」

「三ツ車の自転車」（三輪車）とあるが、当初は様々なタイプの自転車が出現し、実用というより、もっぱら遊戯用に供されたらしい。同年五月版『東京新誌』第百四十七号に、噛んで含んだような自転車の説明文が載っている。

「自転車は竹馬に車輪を付けるがごとく、跨って足軸の端を踏めば、転走することあたかも馬に乗るに似たり。車輪の上に丁字形のものがあり、その両端を持ってこれを動かせば、馬首を回すがごとく、自由に方向を変えることができる」

馬になぞらえて解説しているところが面白い。

さて、明治十年代半ばには、前輪の大きなオーディナリー型（だるま型）が輸入されたが、車輪は鉄製で、サドルも高くバランスがとるのが難しかったようだ。転倒して気絶する者も多かったので、練習のための場所が設けられたという。

もっとも、自転車は高価で、明治二十年（一八八七）のフランス製のものは一台二百円もした（当時巡査の初任給が八円だった）。だから、一部のブルジョワにしか手が出せなかった。ちなみに、最後の将軍・徳川慶喜は静岡に隠棲してから自転車に熱中していたらしい。

明治二十年代に入って国産車がつくられるようになり、空気タイヤが出現すると、ようやく一般にも普及し始める。明治三十六年（一九〇三）に発表された小杉天外《こすぎてんがい》のベストセラー小説『魔風恋風《まかぜこいかぜ》』では、ヒロインの女学生が「海老茶袴《えびちゃばかま》」で颯爽《さっそう》と自転車を乗り回すシーンがあり、それをきっかけに女学生の間で自転車ブームが起こった。

明治初期のおかしな自転車（「明治奇聞」）

42 電車告知人～走りながら通行人に危険を知らせる～

世界で初めての路面電車がドイツで運行を開始したのは、一八八三年のことである。日本では、それからわずか七年後の明治二十三年（一八九〇）四月に初お目見えする。上野公園で開催された第三回内国勧業博覧会で、アメリカ製電車のデモ運転が行われたのだ。

日本で営業用電車が初めて走り出すのは、東京ではなく意外にも京都であった。明治二十八年（一八九五）二月一日のことである。

なぜ京都で電車の運行が可能であったかというと、明治二十三年（一八九〇）に琵琶湖の水を京都に引く琵琶湖疏水が完成し、それに伴い日本初の水力発電所が蹴上《けあげ》に建設され、その豊富な電力を電車に利用することができたからである。

しかし、鉄道と違って、路面を通行する電車は、歩行者や人力車、自転車とぶつかって、死亡事故が起きることもたびたびであった。

そこで、当局（京都府）は突拍子もない制度を思いつく。交差点などで通行人などに危険を知らせるため、電車の前に「告知人」を走らせるよう、電気鉄道取締規則をつくって、運営する京都電気鉄道株式会社（京電）に義務付けたのである。

本来なら、京電の社員が担うべき仕事であったのだろうが、同社は経費削減のため「告知人」の確保を外部へ請負に出す。その結果、集められた告知人は十三歳～十五歳の少年ばかりであった。告知人は、「先走り」あるいは「先走り少年」と称されるようになる。

彼らは、運転席横のステップに立ち、交差点や雑踏地に差し掛かると、電車から飛び降りて、走行する電車の九メートル前を、赤い旗を手に持ち「危《あぶ》のおまっせー、電車が来まっせー」と叫びながら走った。

皮肉なことに、電車からの飛び降り、飛び乗り時に転んでけがをしたり、先導走行中に電車にひかれたりする、告知人側の事故も起こった。夜間の勤務はさらに厳しかった。赤い旗の代わりに提灯を持ち、電車の走行中ずっとその前を（休みなく）走らねばならなかったのである。

十代半ばの少年には、体力的にも精神的にも余りに過酷な労働であった。雨の日は泥だらけ、晴れた日は埃《ほこり》だらけ、寒い日は鼻水を垂れ流し、暑い日は汗まみれ、という少年たちの姿は良識者の顰蹙《ひんしゅく》を買った。また、幼い子供が何かをねだってぐずった時など、「そんなことばかり言っていると、先走りをやらせるぞ」と親が一喝すると、子供は途端におとなしくなったという。

路面電車は京都に続いて、名古屋、東京、大阪など各地で走り出すが、「告知人」という奇妙な制度は他に用いられなかった。明治三十七年（一九〇四）十一月、告知人制度はようやく全面廃止になる。電車の前を走る先走り少年たちの姿が見られた期間は九年余り。これも文明開化が招いた一つの珍現象といえるだろう。

43 道路事情〜武士も納得の左側通行〜

明治四年（一八七一）四月、平民にも乗馬が許され、喜んだ庶民は嬉しそうに馬を駆ったらしい。慣れない乗馬で通行人を突き飛ばす事故も起こったようだ。横浜で使用人が主人の馬に乗って徘徊し、婦人を蹴倒してケガをさせ、杖九十の罰を言い渡されたとか、東京では袴姿で乗馬する芸者が老翁を蹴倒し、罰金一円五十銭を言い渡されたという記事が、当時の新聞に見える。

明治五年（一八七二）には乗合馬車が営業を始めて、馬車が通行人を引く事故も多発したことから、明治七年（一八七四）二月、発足したばかりの警視庁は、京橋から日本橋までの間と新橋から源助橋までの間の道路について、馬車道（中央）と人道（左右）を区別する通達を出した。歩道の始まりである。通達の趣旨を徹底させるため、所々に「人道、牛馬諸車入るべからず」の看板が立てられた。

ところで、当時の道路状況は極めて悪く、明治五年（一八七二）六月の『郵便報知新聞』に次のような記事がある。

「品川駅辺りは雨が降れば泥濘尺余《でいねいしゃくよ》となり、車輪馬脚が没するありさまで、ある英国人いわく、前々年の普仏《ふふつ》戦争の時、パリのフランス人は、プロシア兵の侵入を防ぐため、大門外の道路に数万の坑を掘ったが、深い泥がなかったから防ぎきれなかった。その点、東京の入り口は、一馬も容易に通さない堅牢《けんろう》な防禦《ぼうぎょ》あり、と」

人力の散水車（明治42年8月6日「万朝報」）

東京の雨天時のぬかるみを皮肉ったものだが、乾燥すれば乾燥したで埃《ほこり》が舞い上がり、通行人や沿線家屋に悪影響を与えた。そこで、底に穴を開けた桶に水を入れ、それを人が担いで歩く手動散水が行われた。明治八年（一八七五）頃には、水撒き人力車や水撒き馬車も登場したようである。

時代は下って明治三十三年（一九〇〇）六月、警視庁は交通安全のため「左側通行」を決定する。ところが、欧州は右側通行が多く、日本の軍隊も右側通行を決まりとしていたため、政府内にも反対する高官がいた。西郷隆盛の弟、西郷従道《つぐみち》内務大臣もその一人だった。

左側通行を提唱した松井茂警視庁第二部長は、西郷大臣を説得するため一計を案じる。古来、武士は刀を左に差していた。右側を歩くと刀の鞘《さや》がぶつかって争いの元になる。だから武士は左側を歩くようになった。それを踏襲したのだ、と説明すると、大臣は「わかった」とすぐに納得したとか。まだ、武士の精神が生きていた時代だったのだろう。

44 軽気球〜ラッキョウのお化け?〜

フランス人のアンリ・ジファールが、蒸気エンジンとプロペラを備えた軍事用気球を上げたのは、一八五二年のことである。その後フランスを中心にヨーロッパで気球ブームが起き、遊覧飛行や冒険飛行が盛んに行われた。

鳥のように空を飛びたいと思うのは、人類共通の願いであったに違いない。日本人も例外ではなく、江戸時代の中頃、備前国の表具師であった浮田幸吉《うきたこうきち》が、今でいうグライダーのような装置を考案・製作し、飛行を試みている。

しかし、ライト兄弟が飛行機を発明する百年以上も前のことゆえ、天狗や間者《かんじゃ》（スパイ）と間違えられ、投獄の憂き目にあったのは残念だった。幸吉は、生まれるのが少々早過ぎたということだろう。

さて、日本における気球についてであるが、石井研堂著『明治事物起源』に、明治八年（一八七五）春、開成学校（のちの東京大学）の理学教師・市川盛三郎が赤ゴムの小球に水素ガスを満たして飛ばしたとあり、翌年には小児の玩具として売り出されたというから、これは今のガス風船のことであろう。

人の乗る軽気球としては、明治十年（一八七七）五月二十三日、海軍兵学校の馬場新八が、陸軍省の依頼により築地海軍省練兵場で実験を行ったのが最初とされる。なぜ実験が行われたかというと、この年、西南戦争が勃発し、熊本城に籠城する官軍が、包囲する薩摩軍の動静を探るために、気球を上げる計画が持ち上がったからであった。

以下、同書に綴られた実験の様子である。

「気球は長さ九間（十六・四メートル）、幅五間（九・一メートル）、周囲十七間（三十・九メートル）の大きさで、奉書紬《ほうしょつむぎ》百二十反をミシンで縫い合わせ、ゴムで塗り上げた。

ガスは、金杉《かなすぎ》の瓦斯《がす》局から六百五十間（約千百八十メートル）の管で導き、気球に蒸気ポンプで送り込んだ。その量一万五千立方尺（約四百二十立方メートル）。馬場は気球に据えられた船に乗り、高さ千二百尺（約三百六十メートル）の高さに達したところで、合図の赤旗を振ると、船底にぶら下がる大綱が引かれて、地上に降りた。

その後、気球だけを飛ばしたところ、五、六千尺（千五百～千八百メートル）の高さにに達し、一里半（約六キロ）ほど離れた堀江という村に落ちた。奇妙な落下物に村人たちの驚きは一方ならず、ある者は風神が袋を落としたのだといい、またある者はラッキョウの化け物だと騒いだ。

村人が櫂《かい》を持って乱打すると、フワフワと飛び行き、さらに追い回すうちに袋が破れて水素ガスが噴出、その臭気の凄さにまた村人らは驚き、これは正に悪気を吐き出す妖怪に違いない、と一転して逃げ出す始末。水素ガスを吸った三人ばかりは、顔色が変わり病を発して、二、三日寝込んでしまったという」

無知な村人たちには気の毒であったが、実験は一応成功したように見える。もっとも、軽気球が西南戦争で実際に使われたどうかは定かでないそうだ。なお、同じ年の十二月六日には京都の仙洞御所でも軽気球の飛揚デモが行われた。同月十三日の『朝野《ちょうや》新聞』に次のような記事がある。

「四万四千八百枚の通券は四日までに残らず出切り、当日は未明から老若男女が着飾って御所に詰めかけた。槇村正直・京都府知事も臨席し、五万人が見守る中、気球の所有者である三崎吉兵衛の雇人・虎吉が気球に乗って高さ二十間（約三十六メートル）まで上り、地上に下りたあと、今度は人形を乗せて百五十間（二百七十メートル）余りまで登らせた。実に壮観であった由」

単なる重しではなく、人形を乗せたところに明治人の洒落心が見て取れるが、如何に軽気球が大衆の関心の的であったかが伺える記事である。

その後、明治二十三年（一八九〇）にイギリス人のパーシバル・スペンサーが、軽気球から落《らっ》下傘《かさん》（パラシュート）で飛び降りる曲芸で、東京人の度肝を抜くようなこともあったが、飛行船や飛行機の発明により、軽気球の実用は下火となっていった。

嘉永6年の「アメリカからの献上貢物」という摺りものに描かれた軽気球（「明治奇聞」）

通信・郵便

45 電信～電線に手紙をぶら下げる～

かつては親の危篤の知らせや企業の内定通知など、緊急連絡用によく使われた電報（電信による文書）も、今や慶弔用に限られてしまった感がある。電柱を電信柱と呼ぶ人は今も多いようだが、果たしてその名の由来を知っている人はどれくらいいるだろうか。

アメリカのサミュエル・モールスが独自の電信を開発したのは、一八三七年のことである。それから十七年後、二度目に来日したアメリカのペリー提督は、モールス発信器を持ち込み、横浜で一マイルの電線を架設して、試験発信を行った。

明治二年（一八六九）、新政府は横浜と東京に電信局を設置、その間約三十キロに電信柱を立てて、電線を架設し、電信の実用化が始まった。維新からわずか一年、この文明の利器は、人々に大きな驚きをもたらし、それだけにたくさんの珍奇なエピソードを産んだ。

電線を伝わって手紙が送られてくると聞いて、それを一目見ようと、電線の下にむしろを敷いて、弁当持ちで座り込む者や、小包や手紙を電線にぶら下げて、宛先まで届けてもらおうとする者、電柱に耳を当て、通信の内容を聞こうとする者などが現れた。

また、広島・山口県辺りでは、これはキリシタンの妖術に違いないと思い込み、電線に絶縁のためコールタールを塗るのを見て、処女の生血《いきち》を塗っているというデマが流れ、未婚の女性はにわかに眉を剃り、お歯黒にして既婚者を装ったという。

こんなデマから電信に対する妨害は後を絶たず、いたる所で電線が切られたり、電柱が倒されたりした。熊本県などでは、電線の下を通る時には危害を恐れて、扇を頭にかざす者も多かったらしい。

しかし、この安くて速い通信手段は徐々に日本社会に定着していく。電信は「針金だより」「テレガラフ」とも呼ばれ、「海山へだてて暮らしていても　心は切れないテレガラフ」というロマンチックな歌も生まれた。

電信は戦争においても活用された。西南戦争で政府軍勝利した理由の一つは、情報交換、命令伝達において、電信を最大限に活用したからだともいわれる。

ところで、明治十三年（一八八〇）六月六日、東京千住の電信局へとんでもない人物が飛び込んで来た。その男いわく、

「何を隠そう拙者は、正三位左大臣葦原《あしはら》将軍藤原の諸味なり、今日焦眉《しょうび》の大事件があって、至急支那の李鴻章《りこうしょう》（清国の政治家）へ電報を打ってもらいたい」。

応対した局の者が怪しんで、事実関係を最寄りの警察署に問い合わせてみると、男は、かねて有名な下谷金杉村の葦原金次郎という虚言者であることが判明した。

金次郎は、高岡藩士の三男に生まれ、東京で櫛《くし》職人として働いていたが、二十四歳の時に誇大妄想病を発症、自らを将軍と称して同様の「事件」を起こしていた。

その後、病院に入れられるが、彼の発言を面白がった新聞記者らが記事にしたことから、当時はちょっとした有名人であったのだ。ともあれ、こうした事件が発生するところをみると、明治の半ばには、電信は十分国民に馴染んでいたということだろう。

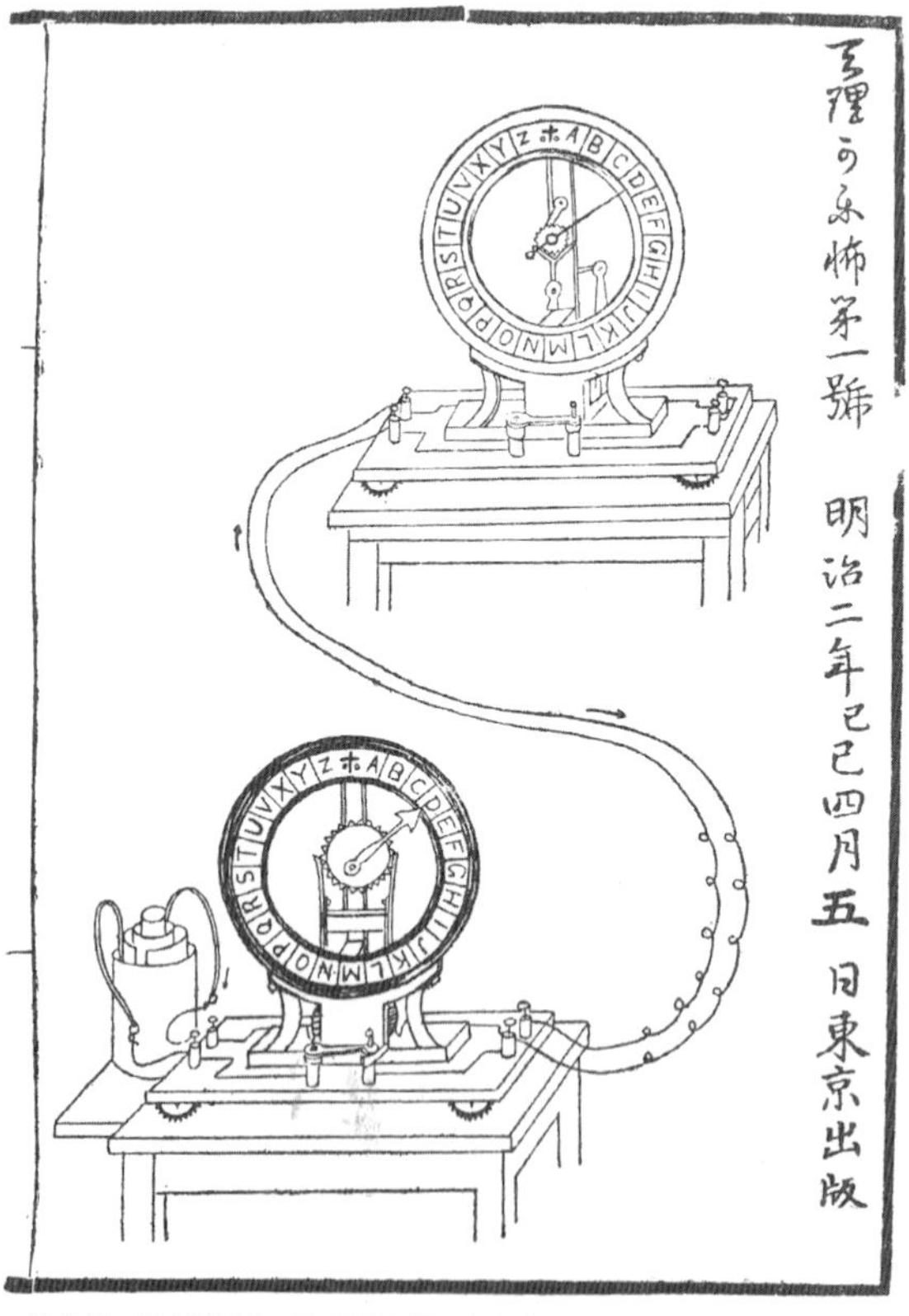

通信機の図（明治2年4月5日「天理可楽布」）

46 郵便～ポストがトイレに～

江戸時代、手紙の配送は飛脚《ひきゃく》が一手に担っていた。朝廷関係を対象にした継飛脚《つぎびきゃく》や諸藩の大名飛脚、庶民も利用できる飛脚屋などがあったが、時間がかかり費用も嵩《かさ》んだので、ついでのある知人に委ねることも多かったようだ。

近代郵便制度は一八四〇年にイギリスではじまり、日本でも幕末、外国人の居留地に本国向けの在日郵便局が設けられた。

明治四年（一八七一）四月、明治政府は駅逓権正《えきていごんのかみ》の前島密《ひそか》の建議により、イギリスの郵便制度を参考にした郵便事業を開始した。当初は、東京・京都・大阪間に限られていたが、翌年にはほぼ全国展開となった。ちなみに「郵便」の語は、本来「書状」の意味であったものを、制度全体を表す言葉として前島が選んだといわれる。

郵便事業の実施に当たって、切手や郵便ポストがつくられ、新たに集配員が募集された。集配員には失業した飛脚が優先的に採用されたという（飛脚は明治六年に禁止された）。

郵便ポストに関してこんな話がある。明治六年（一八七三）頃のこと。ある地方の田舎者が東京見物にやってきて、途中急に尿意を催した。東京の街中で立小便すると逮捕されると聞いていたその男は、辺りを見回すが便所らしきものが見当たらない。

ふと、街角に立つ箱をみると、「郵便箱」（ポストのこと）と表示された箱が立っていて、「差入口」と書かれた穴が開いている。男は郵便箱を「垂れ便箱」と読み違え、ここですればよいのかと、差入口に向けて用を足してしまう。

それを目撃した巡査に男は即座に取り押さえられるが、悪気がなかったことが分かり、こんこんと説教されたうえ、釈放されたのだった。

また、当初は各家に「郵便受け」は無かったようで、明治五年（一八七二）十一月の『東京日日新聞』に次のような投書が寄せられている。

「郵便書状の配達の労を省くため、家の入口に入函をもうけ、『郵便新聞引札等すべて返事をとらざるものは、入り口にある箱の中へ差し入れ、箱の上に下がりたる木札を三度引くと鈴の音がするので、入り口で取次ぎを頼むことなく、帰るべし』との文を掲示したところ、郵便ポストと間違えて投書する者があり、道理に暗い愚民の所業とはいえ、この入函は廃すべきであろうか」

投稿者は、郵便配達人のために設けた入函（郵便受け）が、かえって郵便事業に支障を及ぼすことになって、良心の呵責《かしゃく》に悩んでいるのだが、現代人から見れば、正に時代を先取りするパイオニアであった。

郵便ポストと集配人（明治6年「童戯百人一首」）

47 電話～「もしもし」ではなく「おいおい」～

アメリカ・ボストン大学の教授、グラハム・ベルが電話を発明したのは一八七六年のことである。その翌年の明治十年、工部省電信局が宮内省において、電話の架設実験を行っている。この頃の日本政府は、外国で発明される新たな技術に目を光らせ、すぐに取り入れるだけの対応力を持ち始めていたようである。

明治二十三年（一八九〇）に東京・丸の内に電話交換局が開設され、東京～横浜間で一般への供用が始まった。もっとも、当初の通話料金は高額だったので、開業時の加入者はわずか百五十五名だったという。

ところで、電話の呼び掛け言葉は「もしもし」と決まっているが、当初は「おいおい」というものだった。電話交換手を「おいおい」と言って呼び出すと、相手は「はい、ようござんす」と答えた。

なぜ、こんな偉そうな言い方をしたかというと、当初の加入者にはエライさんが多かったからだといわれる。実業家の渋沢栄一や、大臣クラスの前島密、大隈重信《おおくましげのぶ》らが名を連ねていたのだ。

いつから「もしもし」というようになったかは、はっきりしないようだが、女性の電話交換手が「申します、申します」と呼びかけていたのが、「もしもし」に縮まったという説もある。

電話交換手は、当初は男女ともに採用されていた。ところが、男の交換手は応対がつっけんどんだと、加入者には不評で、ほどなく男性交換手は全廃されてしまった。電話交換手の仕事は女性が独占することになり、文明開化を象徴するハイカラな職業として、若い女性たちの憧れの的となった（彼女たちは和服姿で、日本髪の上からイヤホンを付けて業務に就いた）。

ところで、受話器から遠く離れた人の声が聞こえる機器は、電信にも増して当時の庶民には驚きであり、得体のしれないものに思えたのだろう、明治二十四年（一八九一）二月三日の『郵便報知新聞』によると、「電話は非常に鋭敏で、よく音声を伝えるものだが、もし、電話加盟者の中にコレラ患者がいたら、その病原菌が電話を通してうつることはないか」と当局に質問する者があったという。

東京電話交換局の仕事風景（明治31年10月25日「風俗画報」）

情報

48 新聞〜前代未聞のお葬式〜

江戸時代のメディアと言えば、何といっても瓦版である。紙に木版刷りしたものを「読み売り」と言って、街頭で読みながら売った。幕末、長崎や横浜の居留地で外国人による英字新聞が発行され、新聞が日本人の目に触れるようになる

明治三年（一八七〇）十二月、日本初の日刊紙『横浜毎日新聞』が発刊された。この新聞は、鉛活字を使った活版印刷により制作され、これも日本で初めてのことであった。

その後、次々と新たな新聞社が誕生し、明治十年（一八七七）頃には、『東京日日新聞』、『郵便報知新聞』、『朝野新聞』、『横浜毎日新聞』、『東京曙《あけぼの》新聞』が五大新聞として競い合い、各社の印半纏《しるしばんてん》を着た新聞売り子が、鈴を鳴らし、大声で記事を読みながら新聞を売り歩いた。

また、大事件が起こると、速報のため号外が発行された。日本初の本格的な号外は、明治九年（一八七六）三月二日に、東京日日新聞が「日朝修好条規調印」を伝えるために出したものとされる。明治二十七年（一八九四）の日清戦争勃発以後は、各社が発行する号外を「号外売り」が町中を駆け回って売りさばいた。現在の号外は無料で配られることがほとんどだが、当時は号外売りと

いう商売人がいたのである。

さて、各紙の販売合戦が高じると弊害も生じるようになる。売り子が記事の事件に関係する家の前で、大声で読み売りし、新聞を当事者に買い上げさせようとすることもあったらしい。そんなことから、明治十二年（一八七九）十二月八日、東京警視本署の命により、「読み売り」は禁止された（東京警視本署とは、士族の乱等に対応するため、明治十年一月から同十四年一月まで、警視庁を廃止して設置された内務省直轄の警察組織）。

その結果、新聞の各戸への配達が始まったようだ。新聞配達人は、粋な恰好をした粋な男が多くて「女にモテる」商売だったらしく、明治十四年（一八八一）一月の『絵入人情雑誌』第十三号は、金太郎という堕落者の新聞売り子に芸者が惚れるという実録小説『蘆《あし》の一節《ひとよ》』の挿絵が表紙を飾っている。

西京新聞の配達員が、井上馨《かおる》の妾の下女と駆け落ちした、という記事が当時の新聞に見られるから、そのようなゴシップが実録小説のベースになっていたのだろう。

ところで、雨後の竹の子のように誕生した新聞は、やがて、知識人を対象とした「大新聞」と一般大衆を対象とした「小新聞」に分かれるようになる。大新聞は論説が中心、小新聞は娯楽専門で、絵入・口語体・平仮名のものが多かった。

大新聞では、かつての幕臣がジャーナリストとして活躍した。東京日日の福地桜痴《おうち》（源一郎）・岸田吟香《ぎんこう》、郵便報知の栗本鋤雲《じょうん》、朝野の成島柳北《なるしまりゅうほく》・末広鉄腸《てっちょう》などである。幕臣といえば武家社会のエリート中のエリート。田舎の下級武士らが立ち上げた新政府に協力するなど、プライドが許さなかったのかもしれない。彼らは、下野して権力を批判する立場に回ったのである。

しかし、政府は明治八年（一八七五）六月に新聞条例と讒謗律《ざんぼうりつ》をもうけて、政府に批判的な新聞の取締りに乗り出した。そのため、新聞が発行禁止になったり、新聞記者が投獄されたりする事件がまま起こった。

明治十五年（一八八二）七月二十五日発行の『東京絵入新聞』に、発行禁止になった高知新聞の葬式が行われたという記事が出ている。

「我が愛友なる高知新聞は、絶命したに付き葬式を行うので、愛顧の諸君は来会あらんこと

新聞売り子の描かれた小説の挿絵
（明治14年1月「絵入人情雑誌」）

を、という広告を出したうえ、葬儀は同社社屋において仏式により行われた。出棺の時刻になると、同業各社がそれぞれの社旗を立てて進み、次に旧編集長が香炉を持ち、現編集長が新聞紙で張回した位牌を持って続く。その後を『諸行無常寂滅為楽高知新聞紙の霊』と書かれた旗とともに、棺が新聞配達人によって代わる代わる担がれて進んだ。

最後は同紙の愛読者らがぞろぞろと続き、近くにある同社社主の持山を火葬場とし、棺を据え読経を終えると、一片の煙に帰せしめた。この葬儀、記帳した人の数だけでも二千七百二十七人、見物者を入れると何万人にも達したという」

新聞を擬人的に扱って葬式までした、という「事件」だが、当時の新聞記者の強烈な反骨精神が伺える記事である。

同じ明治十五年十月三十一日の『有喜世新聞』には、獄中で酷使された新聞記者の話が出ている。出獄した同紙の前々編集長は、入獄中掃除番の役に当てられ、毎朝六十回以上水汲みと運搬をやらされたため疲労困憊となり、出獄しても記者の仕事は続けられないとして、退職を申し出たというもの。

その記事では、元来、新聞記者は筆と箸のほか重い物は持たないものであり、当局もその事情を汲んで、獄中でも普通「糸巻き」のような軽い役しか与えられないのに、と当該記者を気の毒がっている。当時の新聞記者、精神は反骨でも体は弱かったようである。

49 雑誌〜硬派と軟派〜

幕末には、木版によって仏典や四書、伊勢物語などの古典のほか、浮世絵入りの通俗本が出版されていたが、明治に入ると、活版印刷によって新聞とともに様々な雑誌類の出版が相次いだ。新聞と同様、硬派のものと軟派のものがあって、硬派の代表格として明治七年（一八七四）創刊の『明六雑誌』が挙げられる。発行は、その前年に結成された明六社という日本初の啓蒙学術団体で、構成員には森有礼はじめ、福沢諭吉、加藤弘之、中村正直、西周《にしあまね》といった当時を代表する知識人が名を連ねていた。

明六雑誌は、定期演説会のテーマについて記事にされ、その分野は、哲学、宗教、教育、死刑廃止から妖怪の類まで、非常に広範なものであった。ところで、文明開化によって西洋から、様々な学術用語などが入ってくると、その意味や概念を一般国民に理解させるために適当な訳語が必要になる。

明六社のメンバー、西周は訳語考案の名人であった。彼は石見国《いわみ》（島根県）の出身で、幕末にオランダへ留学し、維新後は明治政府の官僚となった。がり勉のエリートと思いきや、その想像力はただモノではなかった。

彼の手になり、現在も広く使われている次の訳語を知れば、それは理解できよう。哲学、心理学、科学、技術、知識、意識、概念、帰納、演繹、定義、命題などなど。こうした学術用語の訳語により、日本人は西洋の知識をすべて日本語で学べるようになったわけで、西の功績は評価してもしきれないものがある。

一方、軟派の雑誌としては、広島出身の士族・野村文夫が明治十年（一八七七）に創刊した『団《まる》団珍聞《まるちんぶん》』が有名である。フランス人の漫画家ジョルジュ・ビゴーや社会主義者の幸徳秋水《こうとくしゅうすい》なども参画し、ユーモアと風刺で庶民の人気を博した。

明治三十四年（一九〇一）には宮武外骨《みやたけがいこつ》が大阪で風刺雑誌『滑稽《こっけい》新聞』を発刊、強烈な批判精神と諧謔を持ち味とし、検閲を逃れるため、伏字にしたように見せかけて実はそのまま読ませる社説などを掲げ、大評判となった。

また、明治三十八年には北沢楽天《らくてん》らが漫画雑誌『東京パック』を創刊し、これも人気を得て、楽天は職業漫画家第一号となり、運転手付きの自動車を乗り回すほどの羽振りの良さだったという。

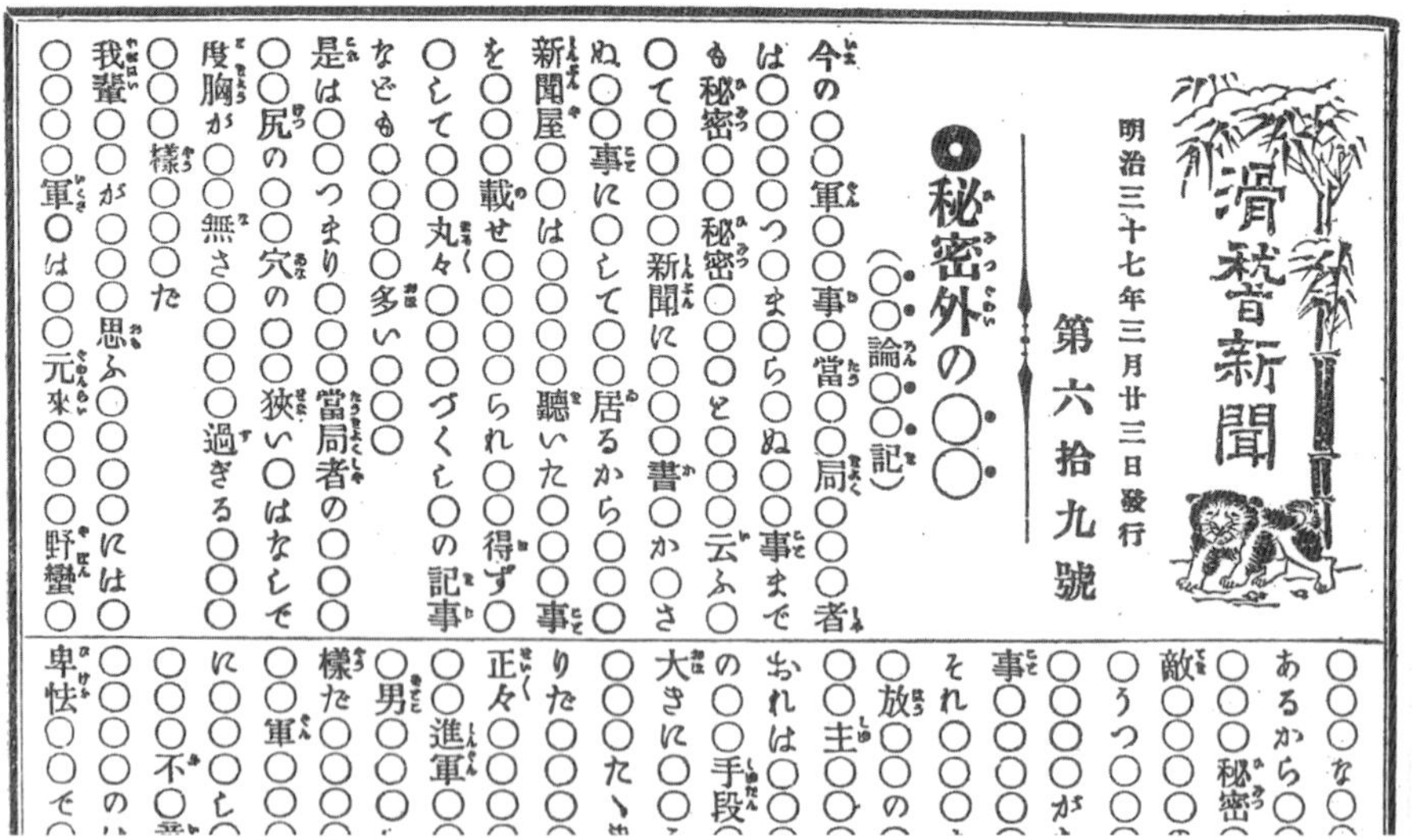
滑稽新聞

明治三十七年三月廿三日發行　第六拾九號

●秘密《ひみつ》外《ぐわい》の○○

（○○論《ろん》○○記《き》）

今《いま》の○○軍《ぐん》○○事《じ》○當《たう》○○局《きよく》○○○者《しや》は○○○○つ○ま○ら○ぬ○○事《こと》までも秘密《ひみつ》○○秘密《ひみつ》○○○と○○○云《い》ふ○○て○○○○新聞《しんぶん》に○○○書《か》○か○さぬ○○事《こと》に○して○○居《ゐ》るから○○○新聞屋《しんぶんや》○○は○○○○聽《き》いた○○○事《こと》を○○○載《の》せ○○○○られ○○得《え》ず○○して○○丸々○○○づくし○の記事《きじ》なども○○○○多《おほ》い○○○

是《これ》は○○つまり○○○當局者《たうきよくしや》の○○○○○尻《けつ》の○○穴《あな》の○○狭《せま》い○はなしで度胸《どきよう》が○○無《な》さ○○○○過《す》ぎる○○○○○○様《やう》○○○だ

我輩《わがはい》○○が○○○思《おも》ふ○○○○には○○○○○軍《いくさ》○は○○元來《ぐわんらい》○○○野蠻《やばん》○

○○な○ あるから○ ○○○秘密○ 敵○○○ ○うつ○○ ○○○が 事○○○○ それ○○○ ○放○○の○ ○○主○○ おれは○○ の○○手段 大きに○ ○○○た丶 りだ○○○ 正々○○○ ○○進軍○ ○男○○○ 様だ○○○ ○○軍○○ に○○○○ ○○○不○ ○○○○ ○○○○の 卑怯○○で

伏せ字を装った滑稽新聞の論説（明治37年3月23日）

50 写真〜賊将の偽ブロマイド〜

イギリスのフレデリック・スコット・アーチャーが湿板写真を発明したのは、一八五一年のことである。それから数年後の安政年間には日本にも輸入された。外国人から湿板の技術を学んだ上野彦馬《ひこま》と下岡蓮杖が、それぞれ長崎と横浜で文久二年（一八六二）に写真館を開館し、日本初の写真業者となった。

日本人の写った最古の写真は一八五四年のものとされ、その後、池田長発《ながおき》（一八六四年）、徳川慶喜、近藤勇、土方歳三、楠本高子（一八六八年）といった名のある人物の写真も残された。ちなみに、有名な坂本龍馬の写真は、上野彦馬の写真館で撮られたものとされる。

しかし一般庶民の中には、写真はキリシタンの魔術で、撮られると寿命が縮むという俗信を信じる者も多く、下岡蓮杖は撮影するのに苦労したと述懐している。また、湿板写真は露光に時間が長くかかったので、写真館の椅子には、背もたれの真ん中に人物の頭を固定する柱が付いていたという。

やがて庶民の間にも写真は浸透してゆき、明治九年（一八七六）五月二十二日の『読売新聞』には次のような記事が見える。

「先日、中山道桶川（埼玉県）の娘が、島根県に嫁ぐことになったが、この縁談は二百里（八百キロ）以上も隔たっていたゆえ、互いに写真で見合いをした結果、双方とも気に入ったということのようで、田舎にもなかなか開化の人がいるものだ」

正に「見合い写真」という、写真の新たな効用の誕生であった。もっとも、この場合は互いに気に入ったからよかったものの、どちらかが気に入らなかった場合、果たして当事者に拒否権が発動できたかどうかは、疑わしい限りだが。

さて、写真の普及につれて、怪しげな写真屋も現れたようで、明治十年（一八七七）四月二十八日の『朝野新聞』にこんな記事が載った。

「伏見稲荷神宮の宮司が、京都寺町にある写真店の前を通りかかると、人だかりができ、やれ桐野《きりの》は好男子じゃ、とかまだ年が若い、とか言い合っている。目を遣ると、烏帽子直垂《えぼしひたたれ》姿の自分の写真が桐野利秋《としあき》と記して店頭に置いてある。隣を見ると、同じ格好をした同僚の写真があり、それには篠原国幹《くにもと》と記してある。

さらにその隣には、別の同僚の細君の親族が洋服姿で西郷隆盛と記され、やはり写真に収まっている。その宮司は、驚きとおかしさに耐えつつも、神官の身で賊将の代理をさせられることに諸々の不浄を見、天津神国津神《あまつかみくにつかみ》、払いたまえ、清めたまえと柏手を打って帰った。そういえば、伏見稲荷の境内を写しに一人の写真師が来た時、神官六、七名の写真を撮らせたことがあったが、その写真師がこのような狡猾なことをしたに違いない、と彼は思い当たったという」

要するに伏見稲荷の宮司たちが、偽ブロマイドのモデルに利用されたという話であるが、この頃すでに有名人の写真には需要があったことが分かる。西南戦争での薩摩軍のリーダーたちは、

「賊将」と呼ばれながらも、庶民には人気があったのだろう。

しかし、こうした詐欺行為はこの写真屋のオリジナルではなさそうだ。西郷隆盛の配下で、やはり西南戦争で戦死した永山弥一郎《やいちろう》の写真が、「西郷隆盛の写真」として土産物屋などで盛んに売られていたようなのだ。西郷は写真嫌いで、現在に至るまで彼の「本物の」写真は見つかっていない。

浅草の写真館(明治19年7月17日「改進新聞」)

51 天気予報〜人気を呼んだイラスト入り予報〜

江戸時代までは、もちろん天気図などは作られておらず、明日の天気を知るには、「夕焼けは晴れ」「朝焼けは雨」といった観天望気によるしかなかった（ちなみに下駄を投げて天気を占うのは、子供が下駄を履けるようになった大正から昭和の初期に始まったらしい）。幕末、長崎や横浜で外国人が気象観測をしていたようだが、日本で本格的に気象事業が始まるのは明治に入ってからである。

明治五年（一八七二）七月、箱館に測候所が設置されたのを皮切りに、明治十六年（一八八三）までに全国で二十ヵ所の測候所ができた。明治八年（一八七五）六月一日には、東京気象台が創設されて気象観測を開始、ドイツ人技師エルヴィン・クニッピングの尽力により、明治十六年（一八八三）三月一日から天気図（七色刷りだった）の発行が始まった。

そして、その年の五月二十六日、暴風警報第一号が発表される。「晴雨計ハ前八時ニ多ク沈下セリ　就中四国及内海ヲ最トス」で始まり、四国南岸を発達した低気圧が進むため、関西、四国地方に暴風の警戒を呼び掛けたものだった（今でいう「メイストーム」だったのだろう）。

警報文は、クニッピングが英文で書き、それを日本人技師が和文に翻訳し、電信で官公庁や新聞社に送られた。この暴風警報はピタリ命中し、船舶関係の被害予防などに大きな効果があったとされる。

イラスト入りの天気予報（明治26年～「時事新報」）

翌明治十七年（一八八四）六月一日からは、一日に三回の天気予報が開始された。「全国一般風ノ向キハ定リナシ天気ハ変リ易シ但シ雨天勝チ……」といった言い回しで、全国一つの予報文によって、東京府内の交番などに掲示されたという。

　こうした予報文は、庶民にはなかなか馴染めなかったため、『時事新報』では明治二十六年（一八九三）から、毎日イラスト入りの天気予報の掲載を始めた。晴れの予報の時は、傘をつぼめて持つ着物姿の芸者、雨の予報の時は傘を差し、高下駄にトンビ（明治二十年代から昭和初期に流行った男性用和装コート。インバネス、二重回しとも呼ばれた）姿の書生、といった具合で読者にはすこぶる好評だったという。

52 兎ブーム～ペットというより投機～

庶民の生活にもゆとりが出てきた江戸時代、菊、朝顔、ツツジなどの園芸や、金魚、コオロギ、スズムシなどの飼育が周期的なブームを起こしていた。

明治に入って、意外な生き物の飼育がブームとなる。明治五年（一八七二）頃から、横浜、東京を中心に突然兎の飼育が流行し始めたのだ。日本では古来、兎は「月で餅を搗《つ》く動物」として親しまれていたが、江戸時代までは飼育する習慣があまりなかった。

ヨーロッパでは十六世紀頃から、貴婦人が膝の上に乗せて可愛がる愛玩動物だったから、これも文明開化の影響かと思いきや、この時の日本では兎はペットというより、もっぱら投機目的で飼われたのであった。

毛色や耳の形の変わった兎などは高値で取引されるようになり、一羽六百円の値が付く兎も登場した。巡査の初任給が四円（明治八年）の時代である。

我も我もと兎の飼育にのめり込むが、兎は寒さで死にやすく、投機の常として価格の変動も激しくて、なけなしの財産をつぎ込み、無一文になる没落士族も出る始末。

当時の新聞記事からその混乱ぶりが見て取れる。「兎の売買の集会を禁止」「兎を柿色に染めて懲役《ちょうえき》」「人民の自由を侵しても兎の売買を禁止せよ」「兎売買をめぐって息子が父を殺す」「兎の価格下落留めどなし」などなど。

余りの異常な事態に行政も取り締まりに乗り出すが、いっこうに収まらないため、明治六年（一八七三）十二月、東京府は兎一羽につき一ヵ月一円の税を課す布達を出した。これにより、ようやく兎ブームも下火になるが、後遺症も出た。明治六年（一八七三）十二月の『新聞雑誌』に次のような記事がある。

「兎税の布令により、店先に出してあった兎は一羽残らず即座に姿を消した。課税に驚いて打ち殺す者、川へ流し棄てる者、床下に隠す者、中には田舎に行って欺き売る者もいる。その狼狽ぶりは実に心地よいが、憐れむべきは、昨日までは美麗な籠に入れられていたのに、今日はたちまち打殺流棄の惨を被る兎である。兎の心果たして如何」

「寂しいと死んでしまう」という兎のこと、正に死ぬような思いであったろう。

提籠（さげかご）に入れられた兎（明治6年「百首」）

53 サーカス〜人気を博したチャリネ曲馬団〜

江戸時代以前から、社寺の境内や空き地で、軽業《かるわざ》、曲芸、奇術などの見世物が行われ、庶民の大きな楽しみとなっていた。明治維新後、各地に招魂社《しょうこんしゃ》ができると、こうした興行の恰好の舞台となった。ちなみに招魂社とは、国家の殉死者を祀るために各地につくられた神社で、東京招魂社は明治十二年（一八七九）に靖国神社と改称され、地方の招魂社は昭和十四年（一九三九）に護国神社と改称されている。

さて、文明開化によって新たに加わった見世物にサーカスがある。明治四年（一八七一）十月に東京招魂社境内で催されたフランスのスリエ曲馬の絵ビラが残されており、これが、明治になって初めて外国からやって来たサーカス一座のようである。

サーカスというとフェデリコ・フェリーニ監督のイタリア映画『道』（一九五四年）を思い出す。粗暴な旅芸人サンバノ（アンソニー・クイン）と少し頭の弱い少女ジェルソミーナ（ジュリエッタ・マシーナ）の救いのない旅路を描いた名作だ。スリエ一座も演目は曲馬や軽業、喜劇程度だったというから、あるいは『道』のような哀愁を漂わせていたかもしれない。

明治十九年（一八八六）にはイタリアからチャリネ曲馬団が来日、東京神田秋葉原で興行を行った。これは、スリエ曲馬に比べれば随分と本格的なサーカスで、同年九月三日の『時事新聞』に観覧記事が出ている。

それによると、天幕を張った会場には三、四千人の観客が入り、十五の出し物が披露された。男女八人による曲馬や、二人の少年による曲芸、猿の乗馬、顔を異様に塗った二人の男（たぶんピエロのことであろう）による滑稽踊り、象の曲芸や鉄牢内の虎使いなど、音楽を交えた大仕掛けな内容だったようである。

上野の動物園は、チャリネ曲馬団が来日中に同団所有のトラが生んだ子トラ二匹とヒグマ三頭と交換しているが、この日のサーカスに登場したトラが、その子トラたちの親だったのだろうか。チャリネ曲馬団は、興行のたびに大反響を巻き起こし、明治二十二年（一八八九）にも再度来日している。国内でも彼らの技を習得する者が現れ、「和製チャリネ」として各地で興行するようになったという。

招魂社境内フランス曲馬図（サーカス・スリエ）
（明治4年）

54 裸体画～人垣ができるほどの騒ぎに～

江戸時代の絵画といえば、何といっても浮世絵である。幕末には美人画の渓斎英泉《けいさいえいせん》、風景画の葛飾北斎《かつしかほくさい》、歌川広重《うたがわひろしげ》、役者絵の歌川国貞《くにさだ》などが活躍した。

明治に入ると、浮世絵師によって文明化の建造物や風俗が描かれるようになり、錦絵と呼ばれて土産物として外国人にも人気を博した。

明治九年（一八七六）、工部美術学校が開校し、イタリアの画家、アントニオ・ファンタネージらお雇い外国人による洋画教育が始まる。それから十年余り経った明治二十二年（一八八九）、洋画の一ジャンルである裸体画が流行し、物議をかもす事態となった。

小説「胡蝶」の挿絵（明治22年1月「国民之友」）

同年一月の『国民之友』第三十七号に掲載された山田美妙の小説『胡蝶《こちょう》』の挿絵がきっかけだったといわれる。誤って海に落ちた主人公の胡蝶が、濡れた服を脱いで裸になったところに、恋人の武士が訪れるというシーンで、挿絵画家の渡辺省亭《せいてい》が描いた。

これが評判を呼び、『国民之友』は大

いに売れた。また、二月には『美術園』第一号にも、秀明堂主人で和洋木版の彫刻師として当時有名だった杉崎帰四之助の描く裸体画が載った。杉崎には、旧習の打破と自己の技量を示す意図があったという。

開化路線で西洋の文物が盛んに輸入、そして模倣されたが、裸体画に限っては、野蛮で醜悪なものとして一般市民に拒否されていた。裸体画は芸術として受け止められず、卑猥と感じ取る人が多かったのである。

杉崎帰四之助作の裸体画（明治22年2月「美術園」）

明治二十八年（一八九五）四月、京都で開催された第四回内国勧業博覧会に洋画家の黒田清輝《せいき》が『朝妝《ちょうしょう》』という裸体画を出品した時には、大勢の見物客が詰めかけ、人垣ができるほどの騒ぎとなった。風紀上教育上問題が多く、望ましくないとする意見の一方で、裸体画を弁護する反論も出された。

同博覧会の審査総長・九鬼隆一《くきりゅういち》は、明治二十八年五月二日の『東京朝日新聞』で、次のような擁護論を述べている。

「すでに外国から多くの石造裸体像が輸入されており、展示物としても『裸体』は排除できない。本邦においても在来の裸体仏像や北斎、歌麿、晴信などの画にも、もっと『カゲキ』なものが見られる」

また、フランス人の風刺漫画家ジョルジュ・ビゴーは、『朝妝』に見入る大勢の見物客の中に、、裾まくりした女がいる光景を漫画に描き、裸体画は卑猥で裾まくりは卑猥でないのか？　と暗に皮肉った。

確かに幕末までの庶民は、男も女も裸体同然で往来を歩き、銭湯は混浴、春画は出回るといった状態で（明治政府は非文明的ということで、それらの取締りを矢継ぎ早に行ったが、余り効果がなかった）、なぜこれほど裸体画が話題になったのか、理解に苦しむところである。

55 小説家〜ズボラ者の集まり〜

文明開化とともに西洋近代小説が輸入され、明治二十年（一八八七）六月に二葉亭四迷《ふたばていしめい》が著した言文一致体の小説『浮雲』をもって近代日本文学は幕を開けた、と教科書は教えてくれる。しかし、それまでの間にも、江戸時代後期に流行った戯作《げさく》の流れをくむ戯作小説や、翻訳小説、政治小説などが人気を博した。

明治初期の売れっ子戯作者に萬亭應賀《まんていおうが》という人物がいる。江戸末期の戯作者・鶴亭秀賀《かくていしゅうが》の門人で、しばらくは全くの鳴かず飛ばずだったが、明治五年（一八七二）頃から、文明開化の潮流に乗った作品を書き出してブレイクしたらしい。

しかし、その作品群はいずれも駄洒落を操った「文学性」に乏しいもので、『孫兵衛活計論』という著書の中には、「学問を鼻にかける人」と題して、天狗のような長い鼻をした洋装の男が、その長い鼻に分厚い洋書をぶら下げている挿絵が出てくる。

当時の洋学者が高慢であったことを皮肉ったものだろうが、文明開化による新たな権威を苦々しく思っていた庶民にはずいぶんと受けたようだ。

ところで、明治八年（一八七五）四月に『平仮名絵入新聞』に連載された前田香雪《こうせつ》の『岩田八十八《やそはち》の話』を皮切りに、新聞小説のブームが起こり、全国の絵入新聞が小説を掲載するようになる。「絵入」新聞であるから、かならず挿絵が入るのだが、その絵の版を作る彫刻師の小説家に対する不平が、宮武外骨著『明治奇聞』に紹介されている。

「当日の時事問題などを絵にするのなら、急いで彫らねばならないが、作りごとの小説に入れる絵などは、五日でも十日でも前から彫にかかれるはずであるのに、小説家という連中はいずれもヅボラ者で、差し迫らねば筆を執らぬのが多くいて、明日の紙上に載せるべきものを今日の午前にやっと書き上げるのである」

そうした場合、まず画工が原稿を見て絵を描き、彫刻師のところへ回ってくるのが午後二時か三時頃で、彫刻師はその版下絵を桜の板に貼って火で乾かし、これを二時間で彫り上げるには何人役かを判断、板をそれに合わせて三つとか六つに鉈《なた》で割り、分業して彫り上げたあと、膠《にかわ》でつないだという。

のちには、ハギ板という分割可能な板を事前に用意しておくようになったらしいが、いずれにしろ、明治初期の新聞小説の挿絵に繋ぎ目があるのを見つければ、その作者はズボラ者であったと判断してよろしいとのことである。

さて、明治も半ばになると、近代文学の小説家が活躍するようになる。尾崎紅葉《こうよう》、幸田露伴《こうだろはん》、樋口一葉《ひぐちいちよう》などだ。明治二十四年（一八九一）十一月発行の『新滑稽』という雑誌に、東京朝日新聞の記者であった茶毘山人が、「小説通」という短編を寄せている。

粋人を装った二人の男が、茶屋で文学論を戦わせるのだが、当時の名だたる小説家が次々に俎上に乗り、議論は熱を帯びていく。一人が、

「若手じゃまず、紅葉に露伴さね」と言うと、もう一人が、

「そう、露伴か、露伴は……」と声を大きくしたところで、銚子を下げようとしていた下女が振り向いて、

「ごはんでございますか?」と聞いた……というオチになっているのだが、庶民にとって、小説家なぞはまだその程度の存在だったということだろう。

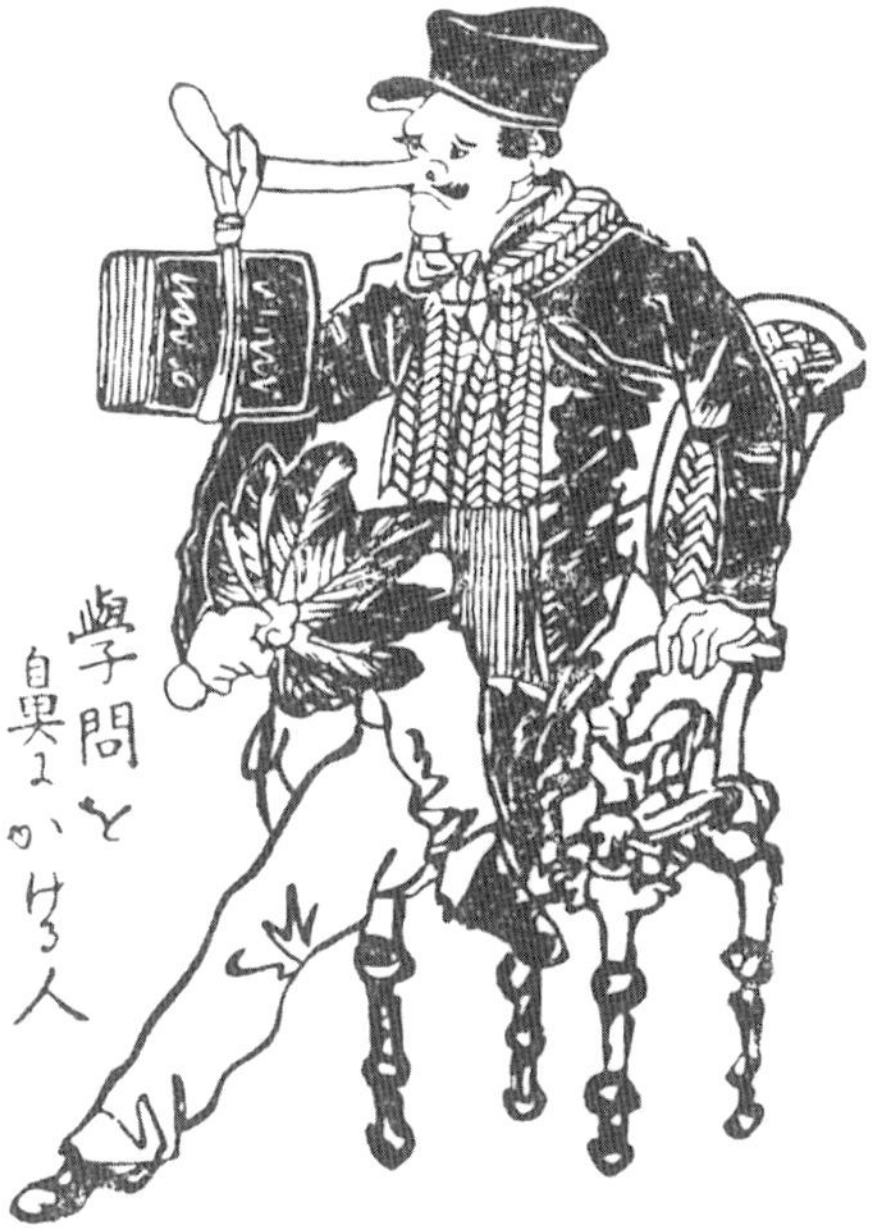

「学問を鼻にかける人」という題のイラスト
(明治8年「孫兵衛活計論」)

56 博覧会〜暑さで溶けたお菓子〜

十九世紀は博覧会の世紀ともいわれる。様々な物品を集めて展示する国内博覧会は、フランス革命の頃、フランスでまず始まり、その後ヨーロッパ各国で行われるようになった。フランスの提唱で国際的な博覧会が始まったのは、一八五一年のロンドン万国博覧会（万博）からである。

日本は非公式ながら、第四回ロンドン万博（一八六二年）に物品を出品、また訪英中だった文久遣欧使節団が開幕式に出席し、そのチョンマゲ姿が注目を浴びた。

日本が初めて正式に参加するのは、第二回パリ万博（一八六七年）である。維新前のことで、幕府と薩摩藩、佐賀藩が仲良く渡仏している。また、江戸柳橋の芸妓や軽業師、手品師も同行して芸を披露した。

明治新政府になってからでは、明治六年（一八七三）の第六回ウィーン万博に参加し、この頃からヨーロッパに日本趣味、いわゆるジャポニズムが広がった。その影響を受け、国内でも東京をはじめ、京都、奈良、松本、大阪など各地で博覧会が催された。

そうした中、殖産興業に向けて全国規模の博覧会の要請が高まり、明治十年（一八七七）八月二十一日から十一月三十日の間、東京の上野公園で第一回内国勧業博覧会が開催された。西南戦争の最中だったが、明治政府は多額の予算を投じ、出品点数は約一万四千点、入場者数は四十五万四千人に及んだ。ところが、力が入りすぎて、珍奇な出品物も結構あったようである。

長さが二間（三・六メートル）もある唐辛子や、長さが九尺（二・七メートル）もある宝船の菓子を出品する者もあった。ちなみに宝船の菓子は、熱に溶けやすい材料を使っていたことから、夏の暑さで徐々に溶けだし、肝心の開会当日にはほとんど原形を留めない有様だったという。

内国勧業博覧会は、明治二十三年（一八九〇）の第三回までは東京上野公園で行われ、明治二十八年（一八九五）の第四回は京都、明治三十六年（一九〇三）の第五回は大阪で開催されたが、その後は日露戦争後の財政難のため取りやめとなった。

万博のほうは、昭和十五年（一九四〇）に日本で初めて、オリンピックとともに東京で開催される予定であったが、日中戦争の激化で中止となり、昭和四十五年（一九七〇）の大阪万博が日本初となった。初参加のパリ万博から百三年目のことであった。

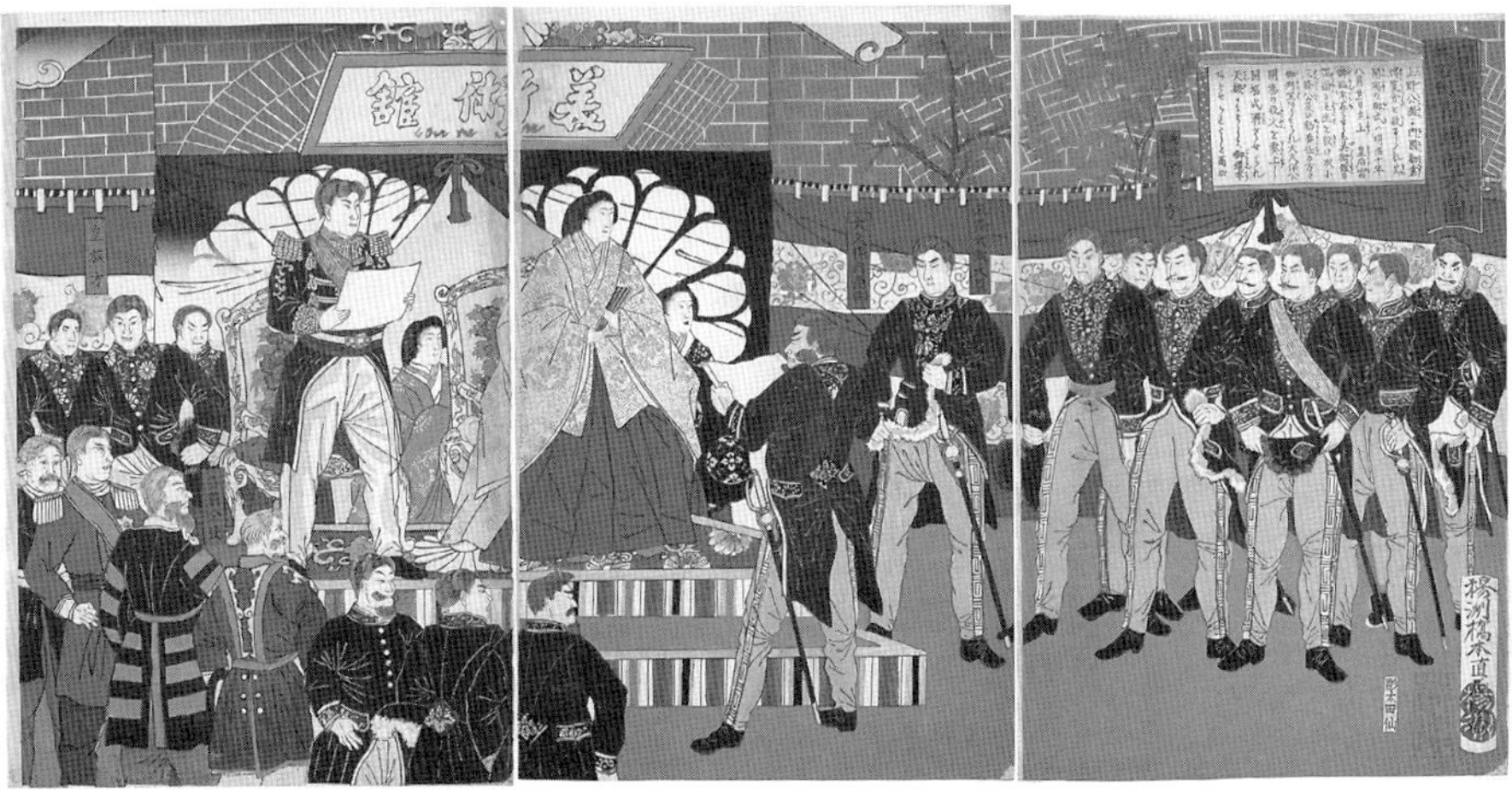

第1回内国勧業博覧会の開業式の様子を描いた錦絵。天皇皇后両陛下臨席のもと行われた（明治10年）

57 新派〜役者募集に応募者殺到〜

芝居の世界にも文明開化の波は押し寄せる。旧派である歌舞伎に対して新派と呼ばれる現代劇が誕生したのだ。その立役者となったのが川上音二郎《おとじろう》である。

音二郎は、元は「自由童子」と名乗る反政府の壮士だったが、自由民権運動への弾圧が強まると、芸能の世界に身を転じ、明治二十年（一八八七）、「改良演劇」の一座を立ち上げた。演目の多くは、不平士族や書生を扱ったため、「壮士芝居」「書生芝居」と呼ばれ、これが新派の源流となった。

また、彼が芝居の中で披露したオッペケペー節は、庶民の心をつかんで大流行した。その一節はこんな感じである。

「おめかけ・ぜうさん・ごんさいに　芝居を見せるは不開化だ　勧善懲悪《かんぜんちょうあく》わからない　色気のところに目を止めて　大事の夫を袖にする　浮気をすること必定だ　お為にならないおよしなさい　国会開けたあかつきに　役者にのろけちゃおられない（中略）目玉むくのがお好きなら　タヌキと添い寝をするがよい　オッペケペ　オッペケペッポーペッポッポー」

音二郎の活躍で新派の人気は急上昇し、俳優に憧れる若者も増えたようだ。明治二十四年（一八九一）八月二十九日の『東京日日新聞』に次のような記事がある。

「壮士俳優川上音二郎が、このほど各新聞に新俳優志望者の募集広告を出したところ、応募者が殺到するも、間に合いそうなものは一向におらず。さりとて、ただ追い返すわけにもいかないので、一計を案じ、『壮士俳優志望の人は手弁当持参のうえ、二ヵ月間無給で働いたあとに採否を定める』と言うと、皆肝をつぶして逃げ帰った由」

今も昔も楽をして儲けたい手合いが多かったということだろうが、俳優業が憧れの職業になりつつあったことが伺える話だ。

さて、その後音二郎は東京芳町の人気芸者・貞奴《さだやっこ》と結婚。明治三十年代には夫婦ともども欧米へ興行に出向き、大好評を得るが、この時貞奴も舞台に立ったことから、彼女は日本人女優の第一号となった。

川上音二郎（上）、貞奴（下）

58 娘義太夫〜明治のアイドル〜

娘《むすめ》義太夫《ぎだゆう》とは、三味線を伴奏にした女性による義太夫語りのことで、たいていは寄席で行われた。義太夫自体は江戸時代初頭に誕生した日本の芸能であるが、娘義太夫には文明開化との関わりがある。

というのは、天保《てんぽう》の改革以来禁止されていた女性の芸能活動が、開化政策である明治十年（一八七七）二月の寄席取締規則制定によって可能になったことが、娘義太夫の隆盛を呼び起こしたからである。

十五、六歳の少女が厚化粧して、黒の紋付に萌黄色《もえぎいろ》の肩衣《かたぎぬ》を付け、かんざしを揺らせながら語る姿に、若者たちは熱狂した。語りが佳境に差し掛かった時、次の展開に向けて、「どうする、どうする」と声を上げる観客がいて、「ドースル連」と呼ばれた。

また、交通が不便な当時にあって、娘義太夫が掛け持ちする寄席を、両国、浅草、本郷と順々に追い回す者もあった。正に現代のアイドルと「追っかけ」の様相である。明治二十五年（一八九二）五月二十六日の『読売新聞』に次のような記事がある。

「綾之助《あやのすけ》に罪はない。近ごろ放蕩書生等で女義太夫に惑溺する者が多く、ために貴重なる勉強時間を徒費するのは嘆かわしいことである。某鹿児島県人の倅《せがれ》（十七）は、昨年まではよく勉強していたが、この春友人に誘われて寄席に行ったのがきっかけで、女義太夫の演者・竹本綾之助に心を奪われ、以後彼女の出る寄席に風雨、遠方も厭わず、毎日のように出かけ、つぎ込んだ費用が五十円余りに及んだので、両親がたびたび意見するも聴こうとしないため、親戚協議のうえ、懲治監《ちょうじかん》入りを願い出ることに決定した」

娘義太夫の公演風景（明治32年3月10日「風俗画報」）

竹本綾之助は当時もっとも人気のあった娘義太夫で、連日有名寄席に出演し、彼女のブロマイドは飛ぶように売れたという。ちなみに「懲治監」とは、刑事責任のない幼者などを更正させるために入れる施設のことである。こんな風潮を良識者は嘆いたのだろう、明治二十八年（一八九五）の『団団珍聞』に「今の娘義太夫は、やたらと人を食うから狼義太夫というべきだ」と揶揄する記事が見える。

書生たちを狂わせた娘義太夫も、日露戦争後は人気が陰り、大正十二年（一九二三）の関東大震災後は一挙に衰えた。

59 活人画～奇妙な芸能～

開花期に現れ、その後跡形もなく消えてしまった芸能の一つに活人画《かつじんが》がある。活人画とは、扮装した役者が舞台の上で不動無言のままポーズをとり、絵画のような情景をつくる演劇である。

活人画はヨーロッパで始まり、明治に入って日本に伝えられた。活人画という名称はフランス語の「タブロー・ヴィヴァン」を訳したものといわれる。洋物も和物もつくられたが、とにかく役者が最初から最後までしゃべらず、また動きもしないので、当時の（今でもそうだろうが）日本人には随分と奇異に感じられたらしい。

活人画（欧州活人画）が博愛社（現日本赤十字社）の寄付集めのため、日本で初めて上演されたのは、明治二十年（一八八七）三月十二日のことであった。

場所は東京の虎ノ門工科大学講堂で、『絵入朝野新聞』の記事によると、来観者は皇族では伏見宮夫妻に有栖川宮《ありすがわのみや》夫妻、政府高官では伊藤博文総理大臣、大山巌陸軍大臣、山県有朋内務大臣同夫人、森有礼文部大臣、榎本武揚逓信《ていしん》大臣同夫人、三条実美《さねとみ》内大臣、外国公使ではフランス公使同夫人、ドイツ公使同夫人、アメリカ合衆国公使同夫人といった絢爛《けんらん》たる顔ぶれで、観客の総数はおよそ八、九百人に上ったという。

なお、この日の活人画は十幕あって、ちなみに第一幕の題目は「仁慈《じんじ》を顕す」、第二幕は「壮士野に美しき薔薇《ばら》を見る」というものであった（二幕目のタイトルに多少欧州らしさが感じられる)。

当日、男二人で見物した者の手記が同年四月三日の『やまと新聞』に載っている。その中で、「満堂の瓦斯《がす》の光は白亜塗りの円柱と相映じ、両廊の奏楽の響きは、貴女紳士の拍手の音と相和せり」とあり、楽団による音楽付きだったことが分かる。

また、「そら鐘が鳴った、今度は何だ」「八番目だろう、いやどうだ、あの令嬢の美は」「うー実に画のごとしだ」という二人の掛け合いがあり、舞台の幕が変わるたびに、役者やその位置、ポーズが入れ替わったようだ。

さらに、「ちょっと日本流の眼から見ると、不思議な様じゃないか」「そりゃそのはずよ。生きた人間が死んだ絵にな

日本初の活人画の上演風景(明治20年4月3日「やまと新聞」)

る。昔は描いた絵を評して、活動の勢いありとほめたけれど、これは運動自在なる人間を捉えて、毫《ごう》も生気なきもののごとしと言わざるをえない」といったやり取りから、この摩訶不思議な舞台芸能の様相が浮かび上がってくる。

ちなみに、感想を述べあうこの二人、最後は係員から、「もし、ちとお静かに。演技の間はなるたけお話はご無用に願います」と注意されている。

活人画は一時的に人気を博し、学校の余興などでも行われたが、明治後期に活動写真（映画）が現れると、いっぺんに廃れてしまった。（昨今ネット上で流行の「マネキン・チャレンジ」は活人画の再来といえるかもしれないが）。

音楽

60 洋楽～喝采を浴びた薩摩藩軍楽隊による演奏会～

西洋音楽が日本に伝わったのは、フランシスコ・ザビエルが来日した時といわれ、教会音楽として布教とともに各地へ広まっていった。天正十年（一五八二）に派遣された遣欧少年使節も、ヨーロッパで聖歌を学んで帰国したが、キリシタンの弾圧が始まると、西洋音楽は影を潜めてしまった。江戸時代、庶民が親しんだ音楽といえば、民謡や長唄・小唄の類であった。幕末、ペリーが黒船で浦賀に来航した時、彼はアメリカの軍楽隊を引き連れていた。幕府と交渉するため上陸した際には、軍楽隊も同行して日本側に演奏を披露している。

その後、幕臣の関口鉄之助らが長崎のオランダ人から鼓笛学を学び、江戸で鼓笛隊をつくった。薩摩藩も、文久三年（一八六三）の薩英戦争で軍楽に触れ、維新後の明治二年（一八六九）九月、横浜のイギリス海兵隊軍楽長、ジョン・ウィリアム・フェントンのところへ十六、七歳の少年二、三十名を伝習生として派遣した。

しばらくは、まともな楽器もない状態だったが、明治三年（一八七〇）七月末、イギリスに発注していた楽器類が届くと、フェントンは連日連夜熱心に彼らを指導した。そして四十日後の九月七日、薩摩藩洋楽伝習生による演奏会が、フェントンの指揮により、横浜山手公園野外音楽堂で開催され、聴衆の大喝采を浴びたのである。

こうした経緯から薩摩藩の洋楽隊は、明治政府の軍楽隊の母体となり、現在の日本の吹奏楽へとつながっていく。

ところでこの頃、日本には国歌というものがなかった。しかし、文明国では儀式式典において国歌を吹奏するのが常識であった。それをフェントンから聞いた薩摩藩の伝習生が、同藩歩兵隊長の大山弥助《やすけ》（のちの大山巌）に相談、大山は日本の国歌をつくるべく、早速好みの薩摩琵琶の「蓬萊山《ほうらいさん》」から歌詞を選び、フェントンは日本の鼓笛隊でも演奏できるような曲を考えた。それが「君が代」だったのである。

明治三年（一八七〇）九月八日、東京深川越中島において、明治天皇の前で薩摩軍楽隊によって「君が代」が初めて演奏された。ところが、フェントンの曲は歌詞に合いにくいところがあり、明治十三年（一八八〇）に宮内省式部寮雅楽課の伶人《れいじん》（雅楽の演奏者）である奥好義《よしいさ》、林廣守《ひろもり》が作曲し直し、それをドイツ人の海軍音楽教師、フランツ・ヘッケルトが和声（ハーモニー）を付けた結果、現在の「君が代」が出来上がったとされる。

フェントン作曲の「君が代」は楽譜が残されていて、YouTube などで聴くことができるが、古い讃美歌のような曲調で、確かに歌詞との馴染みは余りよくないように感じる。

61 蓄音機～初めて録音された日本人の声～

エジソンが蓄音機（フォノグラフ）を発明したのは、一八七七年のことである。フォノグラフは蝋管《ろうかん》式といって、蝋を塗った円筒に溝を刻んで音を再生するものであった。今でいう録音機の一種であり、当初は「蘇音器《そおんき》」とも呼ばれたようだ。

発明から二年後の明治十二年（一八七九）三月二十八日、イギリス人の東大教授、J・A・ユーイングが東京商工会議所でフォノグラフの紹介を行った。

ユーイングがフォノグラフの録音機能を説明するため、会場にいた東京日日新聞社長の福地源一郎に「何か一言」と促すと、福地は「こんな機械ができると困るんだ」と発言したそうだ。新聞屋にしてみれば、録音機が出回れば新聞の役割が脅かされる、彼はそれを危惧したのである。ともあれ、これが記念すべき日本人の声の初めての録音となった。

ところで、福地源一郎という人物は、このこと以外にもなかなかのキャリアの持ち主であった。福地は長崎生まれの元幕臣で文久遣欧使節にも参加、慶応四年（一八六八）閏四月に『江湖《こうこ》新聞』を創刊するが、新政府を批判したため逮捕され、新聞も発禁になった。

釈放後は戯作や翻訳、私塾経営で生計を立てるが、伊藤博文に認められて大蔵省に入省し、岩倉使節団の一等書記官として欧米を訪れている。明治七年（一八七四）に大蔵省を辞めると、東京日日新聞に入社し、明治十年（一八七七）の西南戦争では従軍記者として大活躍した。その後同社社長となり、フォノグラフと数奇な出会い方をしたわけである。

さて、蓄音機は海外において改良が進み、商品として日本に輸入されるのは、明治二十九年（一八九六）になってからである。同三十二年には浅草に蓄音機の専門店がオープン。また、祭りや縁日の際、蝋管《ろうかん》レコードを持ち込み、耳管を使って義太夫や浪花節を聞かせて金をとる（一回二銭）業者も現れた。

その後、円盤式のレコードが発明されるが、一般家庭にまで広まるのは、蓄音機及びレコードが国産化される明治四十三年（一九一〇）以降のことである。

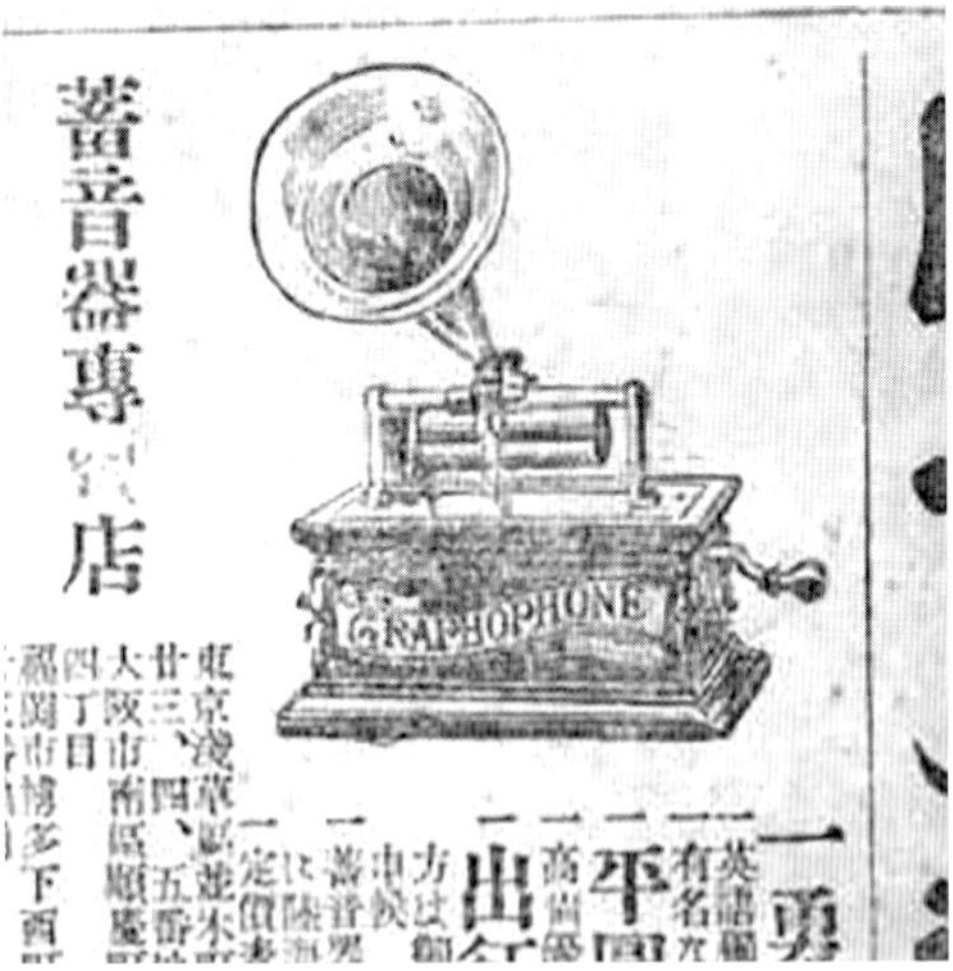

福地源一郎（上）
蓄音機の新聞広告（明治37年4月3日「時事新報」）（下）

62 唱歌～日本人の心にしみる「ヨナ抜き」～

明治十四年(一八八一)十一月(発行は十五年四月とも)、小学校の音楽教科書に「小学唱歌」が登場し、子供の歌にも洋楽が取り入れられるようになる。江戸時代に子供が口ずさむ歌といえば、わらべ歌か子守歌ぐらいであったから、これは画期的なことであった。

小学唱歌の創設に尽力したのは、アメリカ留学の経験のある文部官僚、伊沢修二であった。伊沢は当初、日本の作曲家による曲づくりを考えたが、まだまだ人材不足でそれは叶わぬことを悟り、苦肉の策として、欧米のポピュラーソングに日本の歌詞をつけることを思いつく。

その結果生まれたのが、『むすんでひらいて』、『蝶々』、『蛍の光』などである。ちなみに、『むすんでひらいて』はフランスの著名な思想家、ジャン・ジャック・ルソー作曲の『みわたせば』を、『蝶々』はスペインの民謡を、『蛍の光』はスコットランド民謡『久しき昔』をそれぞれカバーしたものであった。

ところで、西洋のドレミファの音階は、当時の日本人には奇異に感じられたようである。それは、日本古来の楽曲の特徴である「ヨナ抜き音階」と関係があったらしい。

「ヨナ抜き」とは、ドから始めて四番目のファと七番目のシを使わないということ。だから、ファとシを含んだ西洋の曲は歌いにくかったのだと。ただ、西洋においてもスコットランド民謡は「ヨナ抜き」の曲が多く、日本人にはとっつきやすかったのだろう、『蛍の光』も『故郷の空』も「ヨナ抜き」である。

その後、日本人は徐々に西洋の音階にも馴れ、子供だけでなく大人たちも唱歌に親しむようになった。やがて、日本人の作曲家も多く誕生するが、彼らの手になる唱歌では「ヨナ抜き」が意識されたようである。『かたつむり』、『あめふり』、『夕焼け小焼け』、『こいのぼり』、『七つの子』などは皆「ヨナ抜き」である。

我々が、今もそうした唱歌に心動かされるのは、その抒情溢れる歌詞とともに、「ヨナ抜き」の音階に遺伝子の一部をくすぐられるからなのかもしれない。

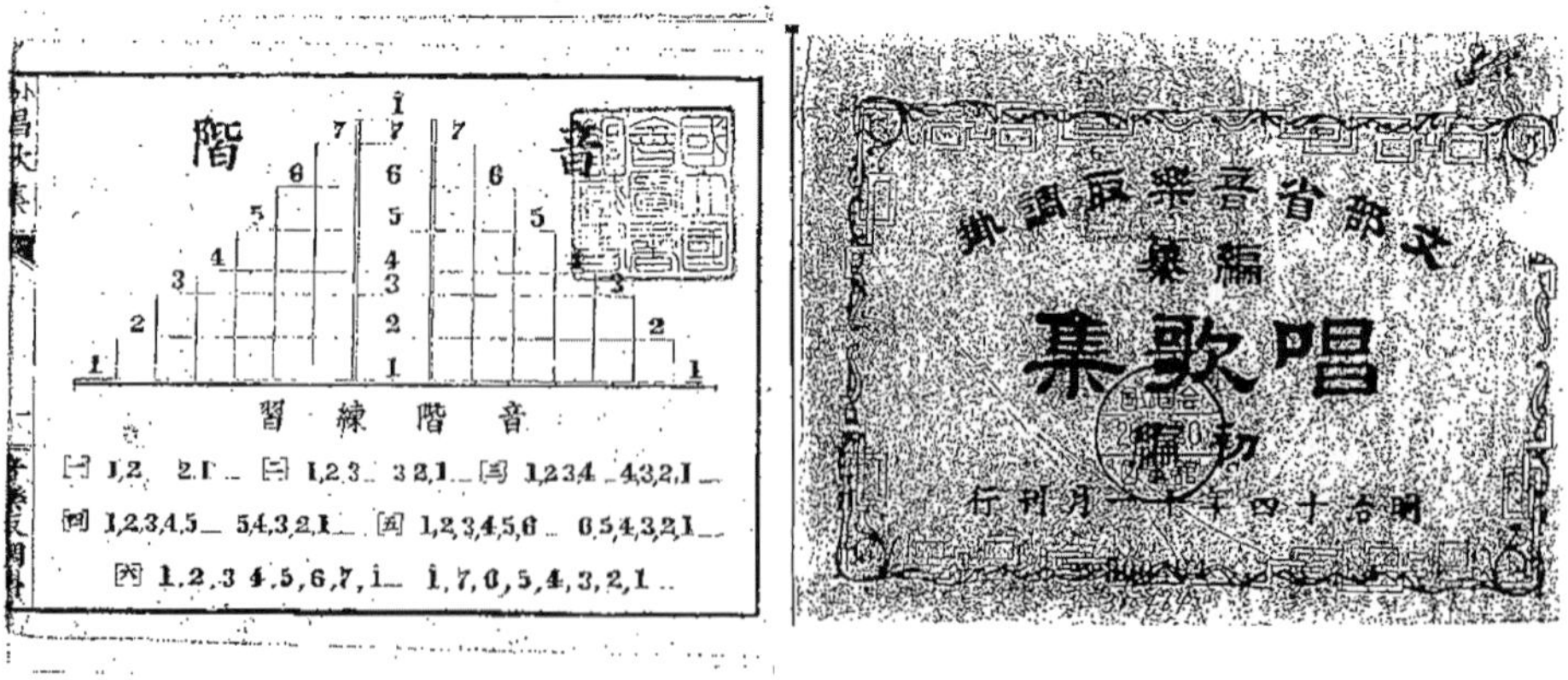

文部省発行の小学唱歌集（明治14年）

公共施設

63 公園〜キツネやタヌキ、「妖物」が出没〜

公園は、ヨーロッパの市民社会において公衆の憩いの場として形成されたが、日本でも江戸時代には、各地の馬場のように鑑賞用の木を植え、見世物小屋や茶屋などで賑わう公共スペースがあった。

明治に入ると、横浜の居留地に外国人の手によって山手公園が開設されるが、外国人の専用で日本人は利用できなかった。そこで政府は、明治六年（一八七三）一月十五日、「古来群衆が集まり遊覧する地を公園に指定する」という太政官布告を出す。同年中に開設あるいは指定された公園は、上野、浅草、芝、飛鳥山（以上東京）、白山（新潟）、城山、大垣（以上岐阜）、住吉、浜寺（以上大阪）などである。しかし、公園といっても草深い所も多く、東京の上野公園や浅草公園でさえ、キツネやタヌキが出没する有様であった。

浅草公園には「瓢箪池《ひょうたんいけ》」という池が掘られたが、作業には服役中の囚人が使われ、浅草寺《せんそうじ》に参拝に来た善男善女が、競って彼らに握り飯やイモ、煙草などを恵んで功徳《くどく》としたと伝えられる（ちなみに瓢箪池は、昭和二十六年に埋め立てられ、その土地の売却金は、戦争で損壊した浅草寺五重塔の再建費用に充てられた）。

上野公園の用地には、当初医学校が建てられる予定だったが、たまたま散歩に訪れたオランダ人のお雇い教師、アントニウス・ボードインが猛反対した。いわく、

「東京のような大都会には立派な公園が必要である。都会で公園の無いところは、わざわざ木を植えてまで造るというのに、このような大木の生えた幽邃《ゆうすい》の地をつぶして、学校や病院を立てることは、実に思議の無いことである」

その結果、医学校の建設は中止になり、上野公園が誕生したわけだが、当初は西洋風公園というには余りにうらぶれた状態であったようだ。明治七年（一八七四）十一月八日の『東京日日新聞』に次のような記事がある。

「園内では、樹間所狭きまでに怪しげな小屋が立ち並び、妖物と見まごうほど白き物を顔に塗った女が、おはいんなさーい、おやすみなさーいと呼び立て、清吟緩歩どころではなく、大いに風景をぶち殺し云々」

いわゆる風俗関係の営業が行われていたわけである。さて、時代は下って明治三十六年（一九〇三）六月一日、都市計画に基づく近代公園の第一号として日比谷公園が開園する。現在のように人々が憩いの場として利用し、夜ともなれば若い男女が愛を語らうスポットとなったが、明治三十八（一九〇五）年九月五日、日露戦争の講和条約を巡って発生した日比谷焼打事件の舞台となったのは悲劇であった。

64 動物園～トラとヒグマを交換～

明治十年（一八七七）に上野公園で第一回内国勧業博覧会が開催されたのをきっかけに、日本初の博物館を上野公園内に建設する計画が持ち上がる。もとより博物館とは、様々な分野の実物や資料を展示公開する施設であり、フランス革命後のルーブル美術館の開館が端緒となって、各国へ広まったとされる。

明治十五年（一八八二）三月二十日、博物館（のちの帝国博物館）はオープンするが、その時やはり日本初の動物園が、博物館の付属施設としてスタートした。現在の上野動物園である。

ところで、江戸時代以前の日本人にとって、外国の動物と接する機会などごくまれにしかなかった。江戸には鳥獣を集めた見世物小屋があり、その中には孔雀《くじゃく》茶屋というのもあったらしい。インド渡来の孔雀がゴージャスな羽を広げる様は、江戸庶民にとっては十分鑑賞に値したのだろう。

最も衝撃的だったのは、象の「来日」に違いない。享保十四年（一七二九）五月、アジアゾウの雄が長崎からはるばる江戸へ届けられ、将軍吉宗と「謁見」した（途中京都では中御門天皇の上覧《じょうらん》を受けている）。

この象は、前年に中国の動物商が広南（ベトナム）から、雄と雌の二頭を長崎へ持ち込んだものであったが、雌のほうは江戸へ向かう前に死亡していた。将軍上覧のあと象は江戸市中を引き回されたので、多くの見物客の眼に触れ、象関連の本や象の双六が売り出されるなど、江戸は空前の象ブームに沸いたという。

さて、動物園に話を戻すと、珍しい動物が見られるということで、人々の期待は大きかったようだが、当初は動物の種類数も少なく、しかも日本の動物が中心で、猛獣といえばクマぐらいであった。ところが開園から四年後、思わぬ幸運に恵まれる。

動物園の見学風景（明治42年4月1日「東京パック」）

明治十九年（一八八六）、イタリアのチャリネ曲馬団が来日、東京神田で興行を行うが、その間に曲馬団が連れてきていたトラが三匹の子を産んだ。どういう働きかけを行ったものか、そのうちの二匹と動物園のヒグマ二匹とを交換することができたのである。

翌年その二匹の子トラが公開されると、「神田っ子トラ」として評判を呼び、今のパンダのような人気者となった。

さらにその翌年の明治二十一年（一八八八）、タイからアジアゾウがペアで入る。吉宗の上覧から百六十年ぶり。さすがに享保の象を見た人間は死に絶えていたから、来園者は皆、その巨体と長い鼻に驚愕したことだろう。象のおかげで、同年の年間入場者数は三十五万人を突破した。

65

鹿鳴館～スキャンダルにまみれた文明開化の代名詞～

鹿鳴館《ろくめいかん》が現在の東京都千代田区内幸町《うちさいわいちょう》に完成したのは、明治十六年（一八八三）七月七日のことである。当時、政府は外国との不平等条約を改正しようと躍起になっていたが、なかなか思うようには交渉が進まなかった。

そこで、日本がいかに西洋的な文明国家に成長したかを諸外国に示すため、様々な欧化政策がとられ、そのシンボル的な存在になったのが「鹿鳴館」であった。

ここを社交場として政府高官や華族が外国人をもてなし、夜ごと夜会と称してダンスパーティーや音楽会のほか、ビリヤード、カルタなどの賭博も行われた。いわば官制の、ナイトクラブとカジノを一緒にしたような施設だったのだ。

しかしながら、日本側の男はモーニング、女はバッスルドレスに身を包み、伴奏に合わせてワルツを踊る様は、付け焼刃のものだけに、外国人の失笑を買ったようだ。

舞踏会は鹿鳴館以外でも行われた。中でも大規模だったのが、明治二十年（一八八七）四月二十日、伊藤博文首相の邸宅で行われたファンシー・ホール（大仮装舞踏会）である。四百名近くの紳士淑女が、それぞれ趣向を凝らした扮装姿で集まった。

三島通庸《みちつね》警視総監は南北朝時代の武将・児島高徳《たかのり》、高崎五六《ごろく》東京府知事は武蔵坊弁慶、同知事の令嬢が牛若丸、山尾庸三《ようぞう》法制局長は虚無僧《こむそう》、同局長の令嬢が静御前、鹿鳴館を計画した井上馨《かおる》外相は三河万歳の太夫、大山巌陸相は大小を差したチョンマゲ頭の侍、渡辺洪基《ひろもと》東大総長は袈裟をまとった西行、山県有朋外相は過去の自身の姿である奇兵隊隊長、伊藤首相はイタリア貴族、同首相の令嬢がイタリアの田舎娘、三条実美《さねとみ》内大臣の令嬢がフランスの花売娘、渋沢栄一令嬢が胡蝶舞の踊り子といった具合である。

一同、夜を徹して舞踊歓談を尽くし、お開きになったのは、翌二十一日の午前四時だった。まさに明治のから騒ぎである。

ところでこの夜、戸田伯爵夫人（岩倉具視の三女）が辱めを受け、伊藤邸から逃げ出し、人力車をつかまえて自宅へ逃げ帰ったという事件が起こる。犯人はあろうことか伊藤首相本人であるとの噂が立ち、そのことを取り上げた『女学雑誌』が、治安妨害で一時発行禁止になった。

こうしたスキャンダルの頻発もあって、政府の急進的な欧化政策に対する国民の批判は高まり、明治二十年（一八八七）九月十七日、推進の中心にあった井上馨は外務大臣を辞任し、「鹿鳴館時代」も終わりを告げた。

鹿鳴館の建物は、その後華族会館に払い下げられたあと、昭和に入って日本徴兵保険会社に売却され、太平洋戦争勃発前年の昭和十五年（一九四〇）に「国辱的建物」として取り壊された。

遊び・スポーツ

66 競馬～馬券の代わりに切手～

江戸幕府時代、丁半や花札、双六、富くじなどによる賭博行為は、射幸心《しゃこうしん》を煽《あお》るとして原則禁制であった。明治新政府も同様に賭博を禁止したが、当時西洋では、ギャンブルは一つの文化として、カジノをはじめ広く合法的に行われていた。居留地は治外法権であったから、当地の外国人は当然各種のギャンブルを楽しんでおり、日本人がカモにされることもあったようだ。

『明治奇聞』によると、築地居留地のあるイギリス人が、本国から羅紗《らしゃ》（手織物の一種）の反《たん》物《もの》を取り寄せ、「一番の当たりくじには羅紗五十反」とする触れ込みで富くじを売り出し、多くの日本人から不当に金を巻き上げたらしい。同様のことが頻発したため、政府も放置できず、外国領事と交渉して何とか廃止するに至ったという。

こうした富くじ興行はいかにも胡散臭《うさんくさ》いものであったが、居留地では幕末から外国人によって競馬が行われ、紳士淑女にも親しまれていた。やがて競馬は、日本人によっても行われるようになり、公営ギャンブルとしての道が開けていく。

もともと、日本には競馬（くらべうま）という一種の神事が七世紀頃から行われており、乗馬の競争には人々の関心が高かったのだろう。明治四年（一八七一）五月十日、兵部省が招魂社で行う競馬の参加者を募る文書を関係機関に出している。

それによると、先駆の者には賞品を出すこととしているが、その品がまたすごぶる開化っぽいものであった。袂《たもと》時計五つ、羅紗戎服《じゅうふく》五着、フランケット五枚（一勝一品宛）とあり、さすがに国の機関の主催だけに、ギャンブル性は排除されていたようだ。

ところが、明治十三年（一八八〇）十一月二十四日の『東京日日新聞』に次のような注目すべき記事が出ている。

「三田育種場の競馬で見物人に切手を売り出し、その番号に当たった者は数十倍の利益を得る法を新設したことにより、近年珍しい数の見物客で、さしも広き構内も立錐《りっすい》の余地もないほどであった」

ここでいう切手とは、馬券のようなものだったのだろう。明治二十三年（一八九〇）、非公式ながら明治天皇が根岸競馬（イギリス人が明治六年に横浜根岸に開設）を観覧したことで、競馬ファンはさらに増え、三十年代には上流階級が車で乗り付けるようになった。

そして、明治三十九年（一九〇六）十一月、東京の池上競馬場で行われた日本人主催のレースにおいて、初めて正式に馬券が発売され、競馬は公営ギャンブルとしての地位を獲得したのであった。

67 体操～女子の活発化を増長？～

体操は、幕末に近代兵制をオランダやフランスから導入した際、洋式調練の一環として取り入れられた。戦国時代ですら、戦を前にして武将や足軽たちが準備体操をしたという話は余り聞かないから、当時の日本人には随分と奇異なものに思えたであろう。

明治七年（一八七四）九月十八日の『新聞雑誌』に、外国人体操教師の記事が出ている。

「陸軍省雇い入れのフランス人教師は、器械体操の名手で、その妙術を得た動作は、あたかも狂猿が高樹を渡るごとく、高飛あるいは遠飛し、三間（五・五メートル）余りの高矢倉の上で逆立ちするなど、人目を眩ずるほどで、今般渡来のイタリア曲馬師の及ぶところではない」

チャリネ以前にもイタリアから曲馬団が来日していたことが分かるが、とまれ、こうした外国人教師から日本の兵隊たちは体操を習っていたのだろう。

政府は、学校教育においても体操を取り入れるようになり、明治十一年（一八七八）に体操伝習所が設立され、アメリカから招かれたジョージ・A・リーランドによって体育教師の養成が始まると、体操は全国に普及していった。

リーランドは、身体の健康を図ることを目的に、軽器具を用いたいわゆる「普通体操」を奨励し、東京師範学校や東京女子師範学校でも教えた。明治十五年（一八八二）七月十日の『東京日日新聞』に次のような記事がある。

「西京近傍のある地域では、小学校の教則に体操の科目をおき、可愛らしい糸さん（良家の娘）や美しい嬢さんなどに、一、二、三、四の号令で頭を振らせ、股を広げさせるなど、あられもない真似をさせるにつき、ただでさえ『君の』『僕の』と言いたがる娘子はいよいよ荒くなり、男の子同様の起ち居をすれば、両親たちは心配して退学させることも多いという」

富国強兵に資するのは歓迎だが、女子の活発化を増長させるのはちょっと、という時代であったのだ。

スウェーデン体操をする女学生（明治38年7月20日「滑稽新聞」）
スウェーデン人のリングが考案したスウェーデン体操は、生理学、解剖学に基づき、身体とその機能の発達を図るもので、明治35年頃日本に伝えられ、学校体操として広く普及した。

68 ボウリング〜チョンマゲ姿でピンを立てる〜

昭和四十年代のボウリングブームをリタルタイムで経験しているのは、もはや熟年以上の世代であろう。街のあちこちにボウリング場ができ、マイボール持参で通い詰めたあの頃を懐かしむ人も多いはずである。

だから、ボウリングが日本で始まったのは戦後のことだろうと思いがちだが、実は幕末の文久元年（一八六一）に長崎の出島に日本初のボウリング場がつくられている。ちなみに現在、六月二十二日を「ボウリングの日」に定めているのは、そのボウリング場オープンを伝える広告が英字新聞に載った日だからである。

ボウリングは、紀元前数千年の古代エジプトで始まったとされ、中世にはドイツを中心にヨーロッパで流行した（宗教改革のマルティン・ルターも愛好したという）。その後アメリカに伝わって、十九世紀初めには大ブームを巻き起こすが、その様子を直に見学し、記録に残した日本人がいた。

万延元年（一八六〇）の遣米使節に参加した仙台藩士・玉虫《たまむし》左《さ》太夫《だゆう》で、彼は自ら著した『航米日録』にボウリング競技の様子をきわめて具体的に記述している。

「投玉ハ五六間許〈十メートル前後〉長ク弓場ノ如クニ板ヲ敷キ」（レーンのこと）

「右ニ小溝ヲ設ケ（是ハ玉ノ外ヘ散ゼザル為メナラン）」（ガーターのこと）

「左ニ欄干ノ如ク二ツ並ベ建テ、其間玉ノ転ズル程ニ高低ニ小溝ヲ設ク（是ハ投ゲタル玉ヲ元ヘ還ストキ、此ヘ入ルレバ自ラ転ジ還ルナリ）」（ボール返送レーンのこと）
「而（シテ）一尺許〈約三十センチ〉ナル小木ヲ数本立テ」（ピンのこと）
「遠ク離レテ、一尺廻リ〈直径約十センチ〉或イハ二尺廻リ〈直径約二十センチ〉ノ鉄丸（丸ハ空丸ニ非ズ）ヲ投グ」（ボールのこと）
「其転ズルニ従テ小木ヲ倒ス、亦其倒ス数ヲ以テ勝敗ヲ定ムト云フ」（ルールのこと）
正に微に入り細を穿《うが》つ表現から、左太夫がこの外国の遊戯（競技）にいかに興味を抱いたかが伺える。

さて、日本に上陸したボウリングは、主に居留地において盛んに行われたようである。慶応二年（一八六六）四月号の『ジャパン・パンチ』に掲載された、外国人がボウリングを楽しむ漫画に、レーンの末端でピンを立てているチョンマゲ姿の男が描かれている（当時ピンの設置は当然ながら自動ではなく、「ピンボーイ」と呼ばれる係員が倒れたピンを手で元に戻していた）。

ボウリング場は居留地の外国人の社交場であり、日本人がピンボーイとして雇われていたようだ。明治二年（一八六九）には長崎に「長崎ボウリング倶楽部」が誕生し、日本人の中にもボウリングを嗜む者が出始めるが、このスポーツが広く国民に親しまれるまでには時間がかかった。約百年の年月を要したのである。

横浜居留地でボウリングを楽しむ外国人。レーンの端でチョンマゲ姿の日本人がピンを立てている
（慶応2年4月「ジャパン・パンチ」）

69 運動会～きっかけになった「競闘遊戯会」～

紀元前八世紀に始まった古代オリンピックの時代から、陸上競技は大会の花形だった。その後もローマ時代、中世、ルネッサンスを通じて、ヨーロッパの人々に親しまれ、特にイギリスでは十九世紀以降、組織的な陸上競技の活動が活発化した。

日本では幕末から、居留地において外国人によって盛んに行われていたようである。日本人による陸上競技大会は、明治七年（一八七四）三月二十一日に海軍兵学寮において、イギリス人教師、フレデリック・ウィリアム・ストレンジの指導により開催された「競《きょう》闘《とう》遊《ゆう》戯《ぎ》会《かい》」が初めとされる。

寮生の体力及び健康増進を目的とし、競闘遊戯会という名称は、アスレティックスポーツの訳語として考えられたものであった。当日行われた種目は、百五十ヤード、三百ヤード、六百ヤードの徒競走、三百ヤード障害走、幅跳び、高跳び、棒高跳び、三段跳び、競歩などで、これらは正に陸上競技種目といえたが、中にはそうでないものもあった。

玉投げ、負ぶい競争、二人三脚、目隠し競争、豚追い競争、卵拾い競争、水桶運び競争などがそれで、この大会が運動会の始まりともいわれる所以である。ちなみに、豚追い競争とは、子豚の体に油を塗って放ち、それを捕まえるという競技で、油で手が滑ってなかなか捕えられず、子豚も生徒もへとへとに疲れてしまったそうである。

その後、陸上競技は大学や師範学校を中心に発展し、明治四十五年（一九一二）に日本が初参加したストックホルムオリンピックに、短距離の三島弥彦《やひこ》とマラソンの金栗四三《かなぐりしぞう》が参加するまでになった。

一方明治十六年（一八八三）六月、東京大学に異動してきたストレンジの指導により、同大学で「運動会」と銘打った催しが初めて行われ、以後毎年行われるようになった。さらに、明治十八年には初代文部大臣の森有礼が、小学校での実施を奨励したことにより、運動会は地域レベルの恒例行事として全国で催されるようになっていった。

運動会の風景（明治31年5月4日「国民新聞」）

70 水泳〜乙姫か清姫か、女子の泳ぎ〜

日本では水泳は武術として古くから各地で発達し、江戸時代には数々の日本泳法の流派が生まれていた。明治に入ると、体力増強の目的から隅田川などに水泳道場が開かれた。しかし、それとは別に、婦女子も遊びとして水泳が楽しめる遊泳場も設けられたようだ。これも文明開化の影響の一つだったのだろう。

それまで、海女《あま》という生業として水に潜る女性はいたが、一般の女性が人前に肌をさらして泳ぎを楽しむなど非常識なことであった。だから、若い女性が遊泳場に現れると当然のごとく話題になった。明治八年（一八七五）七月二十九日の『読売新聞』に次のような記事がある。

「築地合引橋際の遊泳場に十七、八の美しい別嬪さんが下女を連れて泳ぎに来たが、なかなか達者な泳ぎ方で、雪の肌にしたたる水は白蓮に露を帯びたるようで、艶々した島田髷《しまだまげ》も少しとけかかり、行きつ戻りつして泳ぐさまは、竜の都の乙姫《おとひめ》が光氏《みつうじ》を慕って渚に出現した時、あるいは清《きよ》姫《ひめ》が日高川へ飛び込んで安珍《あんちん》を追った時はこんなだったかと思うほどで、一騎当千の男たちもこの娘の顔を見るばかりで、泳ぐことも忘れてしまったという」

清姫や乙姫に例えているところが、いかにも大時代な感じだが、それほどインパクトが強かったということだろう。その後も世間の受け止め方は余り変わらなかったようで、明治二十五（一八九二）年八月二十三日の『読売新聞』にも次のような記事がある。

「昨今は残暑が猛烈のため、日本橋区浜町の河岸に設けられた水泳教場に三名の美人がよく泳ぎに訪れ、緋縮緬《ひぢりめん》の肌着と半股引を身にまとい、抜き手を切って中州まで往復するさまは、男子もかえって及ばざるほどとの評判で、両国元町近傍の閑暇人は、これを観ようとわざわざ浜町河岸まで出かける者多し」

明治十八年（一八八五）には、日本で初めてとされる海水浴場が、神奈川県大磯にオープンしたが、西洋風の水着が普及するまで、女性たちはこの記事のようないで立ちで泳ぎ、その印象から「西洋寝巻」と揶揄《やゆ》されたようだ。

ところで、平泳ぎなどの洋式水泳が日本に伝わるのは明治十年（一八七七）頃のことである。プールで競泳競技が行われるようになるのは大正に入ってからだが、やがて日本水泳は戦前のオリンピックで大活躍するに至る。女子では二百メートル平泳ぎの前畑秀子選手が、ロサンゼルス大会（一九三二）で銀メダル、続くベルリン大会（一九三六）で金メダルを獲得するのである。

海水浴をする女性（明治45年7月8日「東京日日新聞」）

国際

71 ラシャメン～羊に例えられた女たち～

安政五年（一八五八）に江戸幕府がアメリカ、オランダ、ロシア、英国、フランスの五ヵ国と修好通商条約を結んだことにより、日本国内に外国人の居住・営業を認める地域、いわゆる居留地が設けられた。明治二年（一八六九）時点では、長崎、箱館、神奈川（横浜）、兵庫（神戸）、大阪（川口）、東京（築地）に居留地はあった。

居留地には西洋館が立ち並び、教会からは讃美歌が流れ、芝生で外国人がテニスを楽しむといった別世界が形成されていた。

ところで、居留地の外国人は、独身者か単身赴任者が多かったので、どうしても日本の女性との関係が持ち上がる。幕府から鑑札を受けて外国人の相手をする日本女性は、ラシャメンと呼ばれた（前述したハリ

外国人商人を描いたポンチ絵
（慶応4年閏4月7日「江湖新聞」）

スに囲われた唐人お吉などは、ラシャメンの草分けだろう)。なぜそう呼ばれたのか。一説によると、その頃の外国船にはたいてい羅紗《らしゃ》の毛を採る羊を乗せていて、外国人の水兵は羊を抱くこともあったから、彼女らはそのようなものだと侮蔑を込めて名づけられたという。

アメリカ人のラシャメンになることを強要され、「露をだにいとう倭《やまと》の女郎花《おみなえし》、ふるあめりかに袖をぬらさじ」という辞世を残して自殺した横浜岩亀楼《がんきろう》の遊女・喜遊の例もあるが、中には相思相愛に発展するケースもあったようだ。『明治事物起源』ではラシャメンについて、「言葉こ

唐人お吉

そ通ぜざれ、眼語手談、異域の花として外人の旅情を慰め、ついには膠漆《こうしつ》相離れがたき仲となり、幾多の恋愛事件を引き起せし例あり」としている。

また、明治九年（一八七六）十月五日の『東京曙新聞』には次のような記事がある。

「品川宿の貸座敷渡世松岡藤兵衛方への出稼ぎ娼妓おはな（二十二歳）は、娼妓中第一等の別嬪だったが、先頃馴染になった横浜居留の英国人に金四千円で見受けされた。昔、仙台の殿様が高尾太夫《たかおだゆう》を見受けした時以来、こんな大金を出したためしはない。松岡は人気のおはながいなくなって、今後客が減るのではないかと心配している由」

高尾太夫とは、代々襲名される、吉原で最も有名な遊女のことで、この英国人は四千円の大金に相当するほど、おはなに愛情を感じていたのだろう。ちなみに祇園の芸妓・加藤ユキ（モルガンお雪）が、アメリカの大富豪、ジョージ・デニソン・モルガンに四万円で見受けされたのは、この記事から二十七年後の明治三十六年（一九〇三）のことである。

ところで、ラシャメンは相手の外国人が任務を終えて本国に帰る際、ほとんどが置き去りにされたようである。明治三十二年（一八九九）に条約改正によって外国人居留地が廃止されるまで、悲しい別れのドラマが数知れず生まれたであろうが、果たして前述の娼妓、おはなはどうであったろうか。

72 お雇い外国人～当たりはずれの大きかった～

幕末から明治にかけて、日本は欧米から多くの外国人を招聘《しょうへい》し、様々な分野で近代化に向けての指導を仰いだ。彼らは尊敬を込めて「お雇い外国人」と呼ばれた。

統計データによると、慶応四年（一八六八）から明治二十二年（一八八九）までの間に三千人近いお雇い外国人が来日している。国籍は多い順にイギリス、アメリカ、フランス、中国、ドイツ、オランダなどである。

功績のあった人物としては、アメリカの農学者ウィリアム・スミス・クラーク、フランスの法学者ギュスターブ・エミール・ボアソナード、ドイツの医師エルヴィン・フォン・ベルツ、イギリスの鉄道技術者エドモンド・モレルなど枚挙《まいきょ》に暇《いとま》がない。

右大臣の岩倉具視でさえ月俸六百円だった時代に、千円以上で迎えられるお雇い外国人もいて、彼らがいかに貴重な人材であったかが分かる。正に日本の文明開化は、お雇い外国人の存在なくしては実現しなかっただろう。

しかしながら、彼らの中にも当たりはずれはあったようである。明治三年（一八七〇）二月十八日、外務省は外国人雇い入れ上の不都合を無くすため、「外国人雇入心得」なるものを布達している。

その第一項には「外国人を雇い入れるに当たっては、虚誕《きょたん》（大げさに言うこと）自負を信用せず、学術の深浅人物の可否を精査すべし」とあるが、それでもトラブルは少なくなかったと見え、明治七年（一八七四）四月九日の『東京日日新聞』に次のような記事がある。

「長崎県の石油を扱う商人が、商売拡大を図り、アメリカ人のエージタン氏を年俸一万円で雇い入れるが、この人物は驚くほど雄弁であるものの、一年経ってもさしたる実効を上げず、本月一日をもって雇い入れを断った由。一万円は安い額ではなく、また、空しく月日を消費したのは欠望の至りだ。内外ともに人を選ぶのは実にむずかしい」

口ばっかりで実行の伴わないエージタン氏の風貌が目に浮かぶようである。また、同年九月二十三日の『郵便報知新聞』は、ハーディーという測量司のお雇いイギリス人が、わずか一小区の測量を半年かかっても仕上げられず、八月をもって免職になったと報じ、ついては、日本人も追々そうした技術を持てるよう策を講じるべきだと、論じている。

ハーディー氏は、技術そのものが未熟だったのか、それとも単に怠け者だったのか、断定しかねるが、同年十一月七日の同紙は、お雇い外国人の実態について、総括的にかなり厳しく批判している。

「外国人の狡猾なのは言を俟《ま》たない。福沢（諭吉）先生などは、在留の外国人の中に一個の頼むべき人物もなし、と言っているが、ひいき目に見ても玉石混淆《ぎょくせきこんこう》の状態だろう。（中略）政府においてすら、往々食わせ物を買い込むことは免れられず、いわんや一般人において、お雇い外国人の面接をする場合は、眉に唾《つば》を付けて、徒《いたずら》に信じるような軽率なまねは絶対せぬよう云々」

不良お雇い外国人も、国際社会にさらされたばかりのお人好しな日本人を、それなりに鍛え上げてくれたのだろう。

代表的なお雇い外国人。ウィリアム・スミス・クラーク（上左）、ギュスターブ・エミール・ボアソナード（上右）、エルヴィン・フォン・ベルツ（下左）、エドモンド・モレル（下右）

73 移民～どさくさ紛れの人身売買？～

慶応二年（一八六六）、開国の機運が高まるなか、二百三十年存続した鎖国令が廃止され、幕府の許可を得れば、学問・商業目的の海外渡航ができるようになった。それを逆手にとって、日本人を移民として外国へ送ろうとする外国人が現れる。

その名はユージン・ヴァン・リード。ハワイ王国の在日領事を務めていたアメリカ人だが、いささか問題のある人物であった。慶応四年（一八六八）四月、戊辰戦争のさなかに百五十三人の日本人が、イギリス船サイオト号でハワイに向け出航する。これはリードが仕組んだものであった。

当時のハワイ王国はカメハメハ五世の治世で、サトウキビの生産、輸出に力を入れていたが、ハワイ人のみの労働力では不足するため、外国からの移民に頼り、日本にも働きかけを行ってきた。リードは、日本人侠客を使って（この当たりがすでに胡散《うさん》臭い）希望者を集め、幕府と交渉して三百人分の渡航許可を取り付けたのであった。

ところが、ほどなく明治維新で幕府は転覆、代わった新政府はハワイ王国が条約未締結国であることを理由に幕府の許可を御破算にしてしまった。しかし、すでに渡航の準備を整えていたリードは、無許可のまま募集に応じた日本人を移民として、ハワイへ送り出してしまったのであった。

移民たちは、周旋人の甘言によって、かの地での生活に夢を膨らませていたようだ。移民の一人、牧野富三郎という人物が、故郷へ出した手紙が『もしほ草』（第二十編）に載っている。

「横浜から三十五日で到着した。我々の扱いは、船中からことのほか丁寧で行き届き、日本で聞いていたよりは余ほどいいところだ。三十人、あるいは五十人ずつ別れて働き、頭分の者は月五ドル、下働きは月四ドルもらい、至極満足している」

しかし、この内容を額面通りには受け取れないかもしれない。『もしほ草』の経営者がほかならぬヴァン・リードその人であるからだ。同年閏四月三日の『中外新聞』に早くもハワイ移民に対する批判記事が出た。

「このたび、日本国内の騒乱に乗じ、横浜在留のある外国人が、サントウィス島（ハワイ）においてサトウキビの植え付け及び刈り取りの使役に供するため、日本人三百余名を三ヵ年の年季で雇い切り、かの地に送った。

憐れむべき日本人は、酷熱の気候と辛労煩苦で病気に罹り、いかほどの惨酷な処置に遭っても訴えるところがなく、たとえ死んでも期間中は故郷へ帰る道もない。

無辜《むこ》の日本人が狡猾な外国人に欺かれ、利益はことごとく彼に奪われ、まさに黒人売買に等しき所業で、万国の法令に悖《もと》るものだ。国乱が収まれば、政府においてこの事件をただし、これに関係した者に相当の罰を加え、後来の患害を防ぐべきである」

明治政府が動いたのは、翌明治二年（一八六九）九月であった。民部監督正の上野景範《かげのり》を全権としてハワイに派遣し、王国と交渉させた。その結果、希望者四十名の即時帰国と残留者の待遇改善を取り付けることができた(この際、王国側はヴァン・リードの駐日領事解任を約束している)。

もっとも、百名以上が残留を希望したのは、明治政府には意外だったかもしれない。彼らは後年、ハワイ移民のパイオニアとして「元年者《がんねんもの》」と呼ばれるようになる。

明治四年（一八七一）八月、日本とハワイは日布修好通商条約を締結し、同十八年（一八八五）一月に日本からの移民が再開され（翌年一月に日布渡航条約締結）、以後十年間にわたって三万人ほどがハワイに渡った。

日本とハワイの交流にきっかけを与えたという点では、リードの存在価値も無きにしも非ずだったと言えるのかもしれない。

ヴァン・リード主宰の「もしほ草」（明治元年）

政治

74 東京遷都～遷都ではなく奠都？～

慶応四年（一八六八）七月十七日、「江戸ヲ廃シテ東京トナスノ詔」が発せられ、同年十月十三日、天皇は東京に入った。江戸城は東幸（東京行幸）の皇居とされ、名称も東京城に改められた。その間の九月には、慶応から明治へ改元が行われている。翌明治二年（一八六九）には「太政官東京遷移《せんい》布告」によって新政府も京都から東京に移り、こうして東京が日本の実質的な首都となったのである。

ところで、遷都の計画は戊辰戦争の前から新政府首脳の間で議論されていた。遷都先として、実は東京の前に大坂が候補に挙がっていたことは余り知られていない事実かもしれない。

慶応四年一月十七日、参与・大久保利通は、天皇の石清水八幡宮参拝と大坂行幸を提言し、さらに同月二十三日には、浪華《なにわ》遷都の建白書を提出した。大久保は、大坂には外国公使館があり、外国と交渉する上での利点から、遷都先として最も適していると考えたのであるが、京都の公卿らの激しい抵抗を受け、彼の建白は却下された。

ただ、大坂行幸は実行され、同年三月二十二日、天皇は大坂へ出向き、約四十日間滞在した。

しかし、その直前の三月二十一日、開成学校（のちの東京大学）の教授であった前島密が「江戸遷都論」という建白書を大久保に提出していた。

その内容は、商業が盛んで遷都しなくてもさびれない大坂よりも、遷都しなければ住民の離散で衰退してしまう江戸のほうがふさわしいというものであった。実際、江戸在勤の大名たちが、一族郎党を引き連れて国元へ帰れば、江戸は一挙にさびれてしまう可能性があった。

四月十一日、江戸城は無血開城となり江戸の町は戦乱を免れた。前島の建白書を受けた大久保も江戸遷都を支持するようになり、ついに江戸を東京と改称する詔が発せられたのであった。ちなみに、東京という名称を考えたのは、岩倉具視の側近で水戸藩士の北島千太郎（のちの北島秀《ひで》朝《とも》）である。彼は新しい都には新しい名が必要と考え、「江戸を東京と改むべし」という建白書を政府に提出したのだ。

東京はもとより東の京都という意味であろうが、誰もが考え付きそうで、案外目からウロコだったかもしれない。当時中国に都市として北京、南京はあったが、東京がなかったのも幸いしたのではないか。

さて、天皇と政府は東京に移ったものの、遷都の公式な発表は行われなかった。京都に加え東京も都としたという解釈から、東京遷都ではなく東京奠都《てんと》という言葉も使われた（奠都とは新たに都を定めることの意）。実際、京都は東京に対して西京とも呼ばれるようになる。

ところで『明治奇聞』によると、明治十四、五年頃までは、出版物等において「東京」の京の字に「京」が使われていたという。東京日日新聞、東京朝日新聞の題号もそうであったらしい。一方で「西京」の京は「京」のままであった。

なぜ「京」の字に「一」が加わっているかというと、東京には一とする御方、すなわち天皇がおられるからだ、というまことしやかな説も流れたようだが、これは俗説で、「京」は古来使われた「みやこ」を意味するれっきとした漢字なのだそうだ。

明治天皇の東京行幸（1869年2月20日「ル・モンド・イプレー」）

75 廃藩置県〜当初は三百五もあった府県数〜

明治四年（一八七一）七月十四日、明治政府は中央集権化を進めるため、廃藩置県《はいはんちけん》を断行する。江戸時代の体制を元にした藩制は廃止され、代わりに県を設置することになった。二年前の版籍奉還で、土地と人民は政府のものとなったものの、大名が藩知事という名でこれまでどおり統治を行っていた。が、その藩知事は廃藩置県ですべて辞職、代わって政府から県令（知事）が派遣されることになった。

この措置にかつての殿様たちは、さぞかし悔しがったろうと思いきや、必ずしもそうではなかったらしい。大名ではなくなっても、取りあえず華族という身分が保証され、また、当時、膨大な借金を抱えている藩も多く、それをほとんど新政府が肩代わりしてくれるという条件であったから、彼らにしてみても悪くない話だったのだろう。

さて、廃藩置県によって、全国の藩は（名称も含め）そのまま県に置き換えられたため、三府三百二県という膨大な数となった。これでは余りにまとまりが悪いということで、順次統廃合が行われ、明治二十一年（一八八八）十二月には北海道を除き三府四十三県に落ち着く。

このうち、三府は東京、大阪、京都であるが、府とは徳川幕府の直轄地について、新政府が直接統治するために設置された行政単位であり、実は明治維新直後から存在していた。当初は、この三つ以外に函館府、神奈川府、越後府、甲斐府、度会《わたらい》府、長崎府があったが、いずれも廃藩置県までに、編入・改称等により消滅している。

なお、東京府は昭和十八年（一九四三）に東京市と統合され東京都となる。東京市は、明治二十二年（一八八九）五月に東京府内の十五区を分離して発足したもので、東京府が東京市に変わったわけではない。両者は五十四年間、共存していたのである。

県の方は、統合、編入、分割、境界変更と何回かにわたって改変が繰り返された。第一次統合後の明治五年（一八七二）には六十九県となり、この時には、現在は見られない多くの県名が使われている。たとえば、次のようなものがあった

（東北）一関県、二本松県、酒田県
（関東）印旛県、木更津県、入間県、足柄県
（北陸甲信越）相川県、新川県、七尾県、敦賀県、筑摩県
（東海）浜松県、額田県、安濃津県、渡会県
（近畿）長浜県、姫路県、豊岡県
（中国）浜田県、北条県、深津県
（四国）各東県、松山県、宇和島県
（九州）小倉県、三潴県、伊万里県、八代県、美々津県、都城県

県名は、基本的には県庁所在地の都市名か郡名が使われたが、中には藩名がそのまま県名になっている県もある。一説によると、戊辰戦争において朝廷に味方した忠勤藩はそれが許されたとし、

現存する県では山口、佐賀、福岡、広島、秋田などがその例であるというのだが、真偽のほどは定かでない。

さて、面白いことに、明治九年（一八七六）に一旦三十五県にまで減少した県数は、地域問題の発生等により、同二十一年には四十三県まで再び増えている。この間、徳島県は高知県に、福井県と富山県は石川県に、佐賀県は長崎県に、宮崎県は鹿児島県に、奈良県は大阪府に、香川県は愛媛県にそれぞれ含まれていた。

ところで、北海道と沖縄はどのような扱いであったのか。北海道には、箱館戦争が終わった後の明治二年（一八六九）七月、蝦夷地（北海道の旧称）の開発を目的に、箱館府を廃して「開拓使」が設置された。明治十五年（一八八二）二月に開拓使が廃止されると、札幌県、函館県、根室県が置かれたが、明治十九年（一八八六）一月、行政改革により北海道庁が設けられ、道内全域を管轄するようになった。

「北海道」の名称は、三重県出身の探検家・松浦武四郎《たけしろう》が、アイヌの長老からこの地で生まれた者を「カイ」と呼ぶと聞き、「カイが住む北の大地」という意味で提案した「北加伊道」が元になっている。ちなみに松浦は、一旦開拓判官となるが、開拓使のアイヌ民族への対応を批判し、明治三年には職を辞している。

一方、沖縄は廃藩置県の際、一旦鹿児島県の管轄となったが、当時沖縄は琉球王国が治めており、明治政府は翌明治五年（一八七二）九月、沖縄に琉球藩を置き、琉球国王を華族に列して、清国との冊封《さくほう》関係を解くよう迫った（第一次琉球処分）。だが、琉球側は従おうとしなかったため、明治十二年（一八七九）三月、明治政府は武力で首里城を押さえ、廃藩置県を布告して沖縄県を設置したのである（第二次琉球処分）。

中国が名付けた「琉球」に対して「沖縄」は本島を意味するこの地域固有の言葉で、沖縄県の設置は中国からの離脱を印象付ける狙いだった。

こうした過程を経て、明治二十三年（一八九〇）十二月には一庁三府四十三県となり、この数は昭和十八年（一九四三）に樺太庁が追加され、東京府が東京市との統合により東京都となるまで、変わることはなかった。

松浦武四郎

76

官員〜あだ名はナマズ〜

慶応三年十二月九日（一八六八年一月三日）、「王政復古の大号令」が発せられ、新政府はその翌日、総裁、議定《ぎじょう》、参与からなる三職制を定めた。そして、それを支える人材を徴士《ちょうし》、貢士《こうし》として、諸藩士などから選んで採用した。

明治二年（一八六九）七月八日、太政官制が敷かれると職員令が発布され、新たな制度の元で国家公務員の採用が始まった。彼らは官員と呼ばれ、明治四年（一八七一）八月には官等が十五に分けられ、天皇が直接任命する三等以上は勅任官、七等以上は奏任官、八等以下は判任官と称された。

官員の世界は薩摩、長州、土佐、肥前の各藩出身者が幅を利かせ、上級職と下級職とでは待遇面でかなりの差があり、双方に対する庶民の印象も異なったようだ。明治七年（一八七四）八月四日の『新聞雑誌』に次のような記事がある。

「近年、官員の間で口髭を生やすのが流行っている。ふさふさした髭の勅任官や奏任官が馬車に乗り路塵を蹴立て疾駆する姿は、高位貴官の威儀が仰がれて殊勝であるが、十二、三等の下級官員が、みだりにこれを模倣し、鼻下に、世にいうナポレオン髭《ひげ》のような少しの髭を蓄え、靴音高く歩く様は、識者の嘲笑を買っている」

ナポレオン髭というのは、ナポレオン三世が生やしていた横にピンと尖らした特徴的な髭の形をいう。官員は庶民を威圧する目的で髭を生やしていたのだろうが、庶民からは通称「ナマズ」と呼ばれており、下級官員は「ドジョウ」と揶揄されていたようである。

上級国家公務員の採用試験である高等文官試験が行われるようになるのは、明治二十年（一八八七）七月に文官試験試補及び見習規則が公布されてからである。藩閥を排除する目的もあったが、代わって帝国大学出身者が有利となる不公平が生じた。

ナマズに描かれた大官から髭を頂戴する3人の自由民権家。当時、「髭を頂戴する」とは官吏に登用されることを意味し、貧乏に耐えかね、膝を折って官吏になる自由民権家は少なくなかった
（明治13年8月「団団珍聞」）

77 地租改正〜囚人を使って暴動を鎮圧〜

明治六年（一八七三）七月二十八日、政府は地租改正《ちそかいせい》を布告する。それまで、土地に対する課税は、作物による物納（年貢）であったが、それを金納（税金）に改める大税制改革であった。

これにより、政府は安定した税収の確保を図ったわけだが、税率が地代の三パーセントという高額だったため、農民の不満は大きかった。翌年、地租改正が実施に移されると、各地で農民による一揆が勃発し、懲役人《ちょうえきにん》（囚人）までもが駆り出される事態となった。

宮武外骨著『明治奇聞』によると、『明治少史』という大蘇芳年《たいそよしとし》筆の絵草紙に次のような記事があるそうだ。

「明治九年（一八七六）十二月、伊勢国安濃《あのう》郡の領民、神官、社人らが、地租改正を不服として屯集し、旧津藩の士族も加わって、電信局、学校、屯署（警察署）、懲役場（刑務所）を焼き払い、区戸長や豪商の家々を打ち壊した。

さらに、遠近の貧乏人や懲役人が我も我もと馳せ加わり、およそ一万四、五千人が凶器を携え、竹槍を持ち、昼夜松明《たいまつ》を灯して、上野駅から白子、神戸、四日市、桑名にかけて、銀行をはじめ西洋造りの家々を破却し、各所に火を放つなど荒らし回ったが、注進を受けた愛知県から兵が出て鎮撫したという」

これは、懲役場が焼き払われ、脱走した懲役人が暴動に加わったという話だが、暴動を取り締まる側の県令（知事）が、懲役人を使って鎮圧に当たらせたという、とんでもない事件もあったようだ。

同じ明治九年の十二月初旬、常陸《ひたち》国眞壁郡の農民らが、地租改正に不平を起こし、大挙して茨城県庁に迫った時、同県の中山信安県令は獄中から懲役人を引き出し、刀剣を持たせて、農民らを滅多切りにさせた。その結果、暴動は鎮定されたが、懲役人をそんな事に使ったのは不法行為であるとの声が起こって、中山県令は翌明治十年一月、位記剥奪のうえ懲戒免職となったという。

ところで、地租改正が布告された明治六年は、「血税一揆」と呼ばれる暴動が多発した年でもある。今日の感覚からすれば、血税とは国民の税金の代名詞であり、血税一揆とは増税に反対する一揆のように思いがちだが、これは基本的にはこの年に出された徴兵令に対する反対運動であった（地租改正の実施は明治七年である）。

血税とはフランス語の兵役を意味する言葉を直訳したものであり、明治五年（一八七二）十一月に政府が出した徴兵告諭に「人たるものもとより心力を尽くし国に報いざるべからず。西人（西洋人）これを称して血税という。その生き血をもって国に報するの謂いなり」という形で使われた。

これをきっかけに、全国各地で様々なデマが飛

地租改正を不服とする暴動に加わった懲役人
（明治10年「明治小史」）

び交う事態となる。西洋人によって、十八から二十までの男子は皆血を絞られ、小児や妊婦の生血は薬に練られ、十五歳以上の女は外国へ送られる、といった類のものである。

こうしたデマは、西洋人の言いなりのように思われていた官員らに向けられ、全国各地で、官員宅や戸長宅が竹槍などで武装した農民らに襲われた。最終的には軍隊が出動して収まったが、血税一揆も地租改正反対の暴動も、文明開化の負の一面を表す出来事と言えよう。

明治十年（一八七七）一月、農民らの反対運動と士族の反乱の結合を恐れた政府は、地代に対する税率を三パーセントから二・五パーセントに引き下げた。「血税」を納める側は、人心地ついたことであろう。

78 裁判～間男に杖打ちの刑～

明治・大正期のジャーナリスト、宮武外骨は、自著『明治奇聞』の中で、明治初期の裁判について、次のように感想を述べている。

「明治新政府の法律というのは、刑務局で翻訳の西洋法典と徳川幕府の法制とを斟酌《しんしゃく》して俄《にわ》か作りに拵《こしら》えたもの、又ああでもないこうでもないで出来た朝令暮改《ちょうれいぼかい》の雑律、それによって裁判したのであるから、その擬律《ぎりつ》（法規の適用）と刑の量定とがゴタゴタしていて面白くもあり可笑しくもある」

江戸時代、江戸や大坂など大都市に置かれた町奉行は、警察署の機能と併せて裁判所の役割も担っていた。いわゆる「お白洲《しらす》」である。明治に入って、法制度の近代化が急がれたが、当初の混乱期は新旧の制度が入り乱れて、大なり小なり外骨が指摘したような状態であったようだ。

古来の野蛮な刑罰も残っており、磔《はりつけ》や火刑（火あぶり）も明治二年（一八六九）一月までは行われている。梟首《きょうしゅ》（さらし首）、拷問は明治十二年（一八七九）、刎首《ふんしゅ》（打ち首）は明治十五年一月になって、ようやく廃止になった（以後現在に至るまで死刑の形式は、絞首刑のみとなっている）。

横瀬夜雨《やう》著『史料　維新の逸話』によると、明治元年（一八六八）十一月の罪の軽重は次のようであった。

火つけ、強盗、人を殺す者	梟首	
強盗、百両以上の窃盗、強奸	刎首	
窃盗、五十両以上	徒刑（懲役刑）	
同二十両以上	笞（笞打ち）	百
同一両以上	笞	五十
同一両未満	笞	二十

明治十二年以前に処刑された夜嵐おきぬはさらし首になったが、明治十二年に処刑された高橋

お伝は打ち首、ピストル強盗・清水定吉は明治二十年（一八八七）の処刑であるから、絞首のはずである。また、広沢真臣殺害の容疑者として明治四年（一八七一）に逮捕された、広沢の妾・かねは、おそらく拷問にかけられたことだろう（彼女はふんばって無罪を主張し続け、のちに釈放された）。

ところで、笞刑《ちけい》とは木製の笞《むち》で犯罪人の臀部《でんぶ》を打つものである。笞刑より軽い刑罰に杖刑《じょうけい》（笞の代わりに杖《つえ》を使う）というのがあったようで、明治七年（一八七四）二月発行の『高崎書抜新聞』第六号に、人妻と駆け落ちしようとした男が高崎区裁判所で杖罪七十に処された、という記事がある。

一方で、結構いい加減な刑の執行もあって、禁固刑に処されても、個室で外界と遮断された状況であれば、自宅での蟄居《ちっきょ》でも許されたらしい。『明治奇聞』に次のような禁固刑経験者の談が紹介されている。

「役人が家に来て、『今日から禁固の刑を執行することになったが、どの座敷にするか』と尋ねるので、『この八畳にいたします』と答えれば、『しからばこの座敷から外へ出てはならぬぞ』と言い渡して立ち去った。その後ときどき役人が玄関に来て、『居ますか』と問うが、『はい居ます』と言いさえすればいいので、夜は茶屋へ行き、芸妓を上げて遊んだものだ」

明治四年（一八七一）七月九日、政府は司法省を設置し、佐賀藩出身の江藤新平《えとうしんぺい》を初代司法卿に任命した。江藤はフランスの法制を学び、裁判制度の近代化を推進したが、征韓論問題で下野し、その後、佐賀の乱を指導したことで裁判にかけられる。明治七年（一八七四）四月十三日、江藤は、皮肉なことにかつての部下であった河野《こうの》敏鎌《とがま》に梟首刑の判決を受け、即日刑は執行された。

一方、明治十年（一八七七）の西南戦争で反乱軍を主導した西郷隆盛と桐野利秋の首は晒されなかった。その理由について、彼らは以前、陸軍大将同少将を務めた武官であり、武官の者はたとえ官を免じられても、三年間は軍律をもって処せられる。軍律には梟首の刑がなく、よって彼らの首は晒されることがなかったのだ、と同年十月十九日の『東京曙新聞』は解説している。

明治初期の裁判風景（「文明開化」）

79 違式詿違条例～明治の軽犯罪法～

明治五年（一八七二）十一月八日、違式詿違条例（「いしきかいいじょうれい」と読む）が東京府において発布された。いわゆる現在の軽犯罪法のようなもので、違式とは「故意に犯す罪」、詿違とは「誤って犯す罪」という意味らしい。

文明国家の早期実現のため、ひいては不平等条約の早期改正のため、外国人が眉をひそませるような、日本人の野蛮的行動を廃絶しようとしたのである。

違式の罪を犯す者は、五十銭以上七十五銭以下の贖金《しょっきん》（罰金）、払えない場合は十以上二十以下の笞罪。詿違の罪を犯す者は、六銭二厘五毛以上十二銭五厘以下の贖金、払えない場合は一日以上二日以下の拘留という罰則が決められていた。

では、どのような行為が罪になったかというと、まず違式の罪目から面白いものを。

一、春画及びその類の諸器物を販売する者

一、病牛、死牛その他病死の禽獣を知り販売する者

一、身体に刺繍（入れ墨）をなせし者

一、男女入り込みの湯を渡世する者

一、乗馬してみだりに馳駆《ちく》しまたは馬車を疾駆して、行人を触倒す者。ただし殺傷するはこの限りにあらず。

一、外国人を無届けにて止宿せしむ者
一、夜中無燈の馬車を以て通行する者
一、火事場に関係なくして乗馬せし者
一、裸体または袒裼《たんせき》（肌を脱ぐこと）し或は股脛《ももすね》を露し醜体をなす者
一、男女相撲並びに蛇遣いその他醜体を見世物に出す者
一、軒外に木、石炭、薪等を積置く者
次に註違の罪目。
一、他人園中の果実を採り食う者
一、湯屋渡世の者、戸口を明け放ち、或は二階へ見隠暖簾を垂れざる者
一、居宅前掃除を怠り或は下水を浚《さら》えざる者
一、婦人にていわれなく断髪する者
一、下掃除の者、蓋なき糞桶を以て搬送する者
一、往来筋の号札または人家の番号、名札、看板等をたわむれに破毀《はき》する者
一、物を打掛け電信線を妨害する者
一、市中往来筋に於て便所にあらざる場所に小便する者
一、荷車及び人力車等を並べ挽きて通行を妨げし者
一、誤って牛馬を放ちて人家に入しめし者

一、巨大の紙鳶《しえん》（凧）を揚げ妨害をなす者

さしずめ、今なら「ピンポンダッシュ」すら罪になりそうな勢いである。先に「郵便」のところで紹介した、東京見学に来た田舎者が、立小便をすると捕まるからとポストで用を足したという話は、この条例のことが田舎者の耳にも入っていたからだろう。

明治十年（一八七七）八月十一日の『朝野新聞』によると、東京府下で二日間に違式の罪で拘引された者は五十人に及び、盛夏のこともあって、そのすべてが股や脛を露わにした罪状であったという。

この条例は東京から各地に広がっていったが、明治十五年（一八八二）一月に刑法が施行されると、その中に違警罪目《いけいざいもく》という同種の規定が設けられたため、廃止された。明治十五年六月二十日午前七時過ぎ、高知県内で路傍に放尿した男（六十歳）が、自白のみならず原告官の陳述及び巡査の告発書により犯跡明確なりとして、「違警罪」により科料五銭に処せられた、と同年七月二日の『弥生新聞』の記事に見える。

ちなみに現在の軽犯罪法では、一条二十六号において「『街路又は公園その他公衆の集合する場所で、たんつばを吐き、又は大小便をし、若しくはこれをさせた者』は拘留又は科料に処する」と定められているので御注意を。

80 演説〜美人弁士に求婚者殺到〜

文明開化によって新しい思想に目覚めた日本人は、俄然自己主張をし始める。その方法の一つが演説であった。「演説」という言葉は、福沢諭吉が『学問ノススメ』の中で、「スピーチ」の訳語として使ったのが初めとされる。

藩閥政府への批判から自由民権運動が激しくなるにつれ、全国各地で演説会が開かれ、会場として寄席や芝居小屋が使用されることもあった。

演目には政府批判的なものが多かったから、政府は明治十三年（一八八〇）四月五日、集会条例を公布して取締りに乗り出した。この条例で、事前の届け出を義務付け、会場監視の警察官に集会解散権を与え、また、軍人・教員・生徒の政治活動を禁止した。

演説会に参加するため、退学届を出して会場に出向き、学校に帰ってから退学届を取り戻すという手を使う学生もいたそうだ。明治十四年（一八八一）一月二十六日の『朝野新聞』に次のような記事がある。

「京都府下で行われたある政談演説会において、会場で監視の警官が、九歳何ヵ月かの幼童が傍聴席にいるのを認め、集会条例に抵触する者と思い尋問すると、果たしてその幼童は小学校の生徒で、政談演説会と知りつつ聴聞したと白状した。警官は直ちに幼童を裁判所に連行したところ、判事は無罪と宣告した。しかるに、警官はこれを不当の裁判として上告したという」

監視の警官は、たとえ小学生であっても容赦はしない厳しさだったようだ。そんな彼らだから、演説の中身が政府批判に向かおうものなら、「弁士中止ッ」と叫び、弁士に退場を求めた。それ以前に演説会そのものが中止なることも度々であった。明治十五年（一八八二）に開かれた千八百十七回の演説会のうち、演説会の中止が二百八十二回、弁士の中止が五十三回あったとされる。

当局の取り締まりの激しさが伺えるが、それを皮肉るような珍事が、明治十五年八月二十九日の『朝野新聞』に見える。

「岡山県下の有志らが数名の弁士を招いて政談演説会を開いたところ、弁士演説中に監視警官により中止解散を命じられた。翌日の演説会も認可を取り消されたため、有志らは、ならばせめて演説会の葬式を立派に執行しようと評議一決、翌日演題を棺に納め、『国安院妨害居士』という法名を付け出棺、見送り人は六百人に達した。

流葬所に到着し、喪主を務める有志らが代わる代わる弔文の朗読を始めると、突然数名の警官が現れ、路傍の演説は条例により中止を申し付けると叫んだ。これに対して、有志らは、物の死を悼むのは生ある者の情である。今日は死したる演説会の葬式を行っているのであり、決して路傍演説会ではない、と事由を述べても警官は聞き入れない。すると、見送り人たちが騒ぎ出し、口々に警官を罵り、石や瓦を投げ付けたので、警官もなす術無く引き上げた。が、後日有志三名は警察から呼び出され、今も取調べ中の由」

さて、演説会の弁士といえば、士族の政治活動家である「壮士」をまず思い浮かべるが、実は様々な職種の者が弁士を務めている。車夫や僧侶、華族さらには盲人による演説会も開かれている。女性の弁士もいた。女民権家と呼ばれた岸田俊子《としこ》は、二、三人の女弁士を引き連れ、関西各地で演説会を開き、旧思想の打破と女権の拡張、女子教育の重要性を論じた。

政談演説会で祝文を読む女性教員（明治16年1月22日「絵入朝野新聞」）

明治十六年（一八八三）十月、俊子は大津で「函入娘《はこいりむすめ》」と題して、女性の権利拡大演説を行い、二千名を集める盛会となったが、集会条例違反で逮捕、拘引、留置され罰金刑を受けている。

『明治奇聞』によると、当時俊子は二十一歳ぐらい、ちょっと美人だったので、その演説を聴いて恋情を抱いた成年男子も多く、嫁にもらいたい、婿になりたいと申し込んだ者が数え切れぬほどあったらしい。しかし、俊子はそんな声には一切耳を傾けず、ひたすら演説に回った。その頃、京都で出版された「函入娘」の演説筆記は、飛ぶように売れたという。

81 新紙幣～金毘羅の御札と間違えて神棚に～

明治四年（一八七一）五月十日、新政府は新貨条例を発布し、貨幣の単位を江戸時代の両《りょう》・分《ぶ》・朱《しゅ》から、円・銭・厘に改めた。これは単に名称の変更だけではなく、四進法（一両は四分、一分は四朱）から十進法への変更でもあったので、使用する国民はずいぶん違和感を抱いたことだろう（現代人から見れば、四進法のほうがよほどマニアックに感じられるが）。

なぜ「円」という名称になったかについては、貨幣の形が円形に統一されたから（江戸時代の小判は楕円形であった）とか、モデルとした香港銀貨に円という表示があったからとか、メキシコ・ドル硬貨が円形で、中国で「洋円」と呼ばれていたから、とか諸説あるようだ。

大隈重信

円形に統一された理由については、大蔵省会計官御用掛だった大隈重信が、指を丸めて「こうすれば、誰でもお金であることが分かる」と言って、円形反対者を説き伏せたという、まことしやかな説もある。

さて、江戸時代には硬貨以外に紙幣も使われていた。「藩札」という各藩のみで使用できる紙幣である。新政府も、慶応四年（一八六八）五月から一年間、戊辰戦争の費用調達のため、「太政官札」という紙幣を発行している。

ただ、偽造紙幣も大量に出回っていて、信用性に問題があったため、新政府は新貨条例発布後の明治五年（一八七二）四月、近代的紙幣として「明治通宝」を発行した。明治通宝は十銭から百円まで九種類あり、縦長でデザインは鳳凰《ほうおう》と竜をあしらい、中央に金額が書かれていた。

庶民の眼には、なかなか紙幣とは映らなかったらしく、明治五年十月発行の『峡中《こうちゅう》新聞』第三号に明治通宝にまつわる珍談が載っている。

「静岡県伊豆に住む未亡人の老婆が、神棚に十円札を一枚貼っているので、その理由を聞いてみると、『ある日海辺へ出たところ、波打ち際に油紙の包みがあり、開いてみると金毘羅《こんぴら》の御札が五、六十枚入っており、すべて持ち帰って粗末に扱うと勿体ないので、一枚だけ持ち帰り、残りは三拝して海に流した』という」

字が読めず、旧幕府時代の藩札しか見たことのなかった老婆は、新券の十円札を見て、金毘羅大権現の守り札と誤認したらしい。

ほかにも、米屋の女房が家に押し入った強盗に洋酒のラベルを数枚取り出して渡すと、強盗は紙幣と勘違いし、大喜びで出刃包丁を忘れて出ていったとか、逆に街中で落ちていた、洋酒ラベルのような銅板刷の美しい紙を三枚拾った主婦が、子供のおもちゃにしようと家に持ち帰って夫に見せると、正真正銘の五円紙幣だった、というような話が当時の新聞に見える。

しかし、こうした牧歌的な時期はすぐに終わって、人々は札束の亡者となっていくのである。

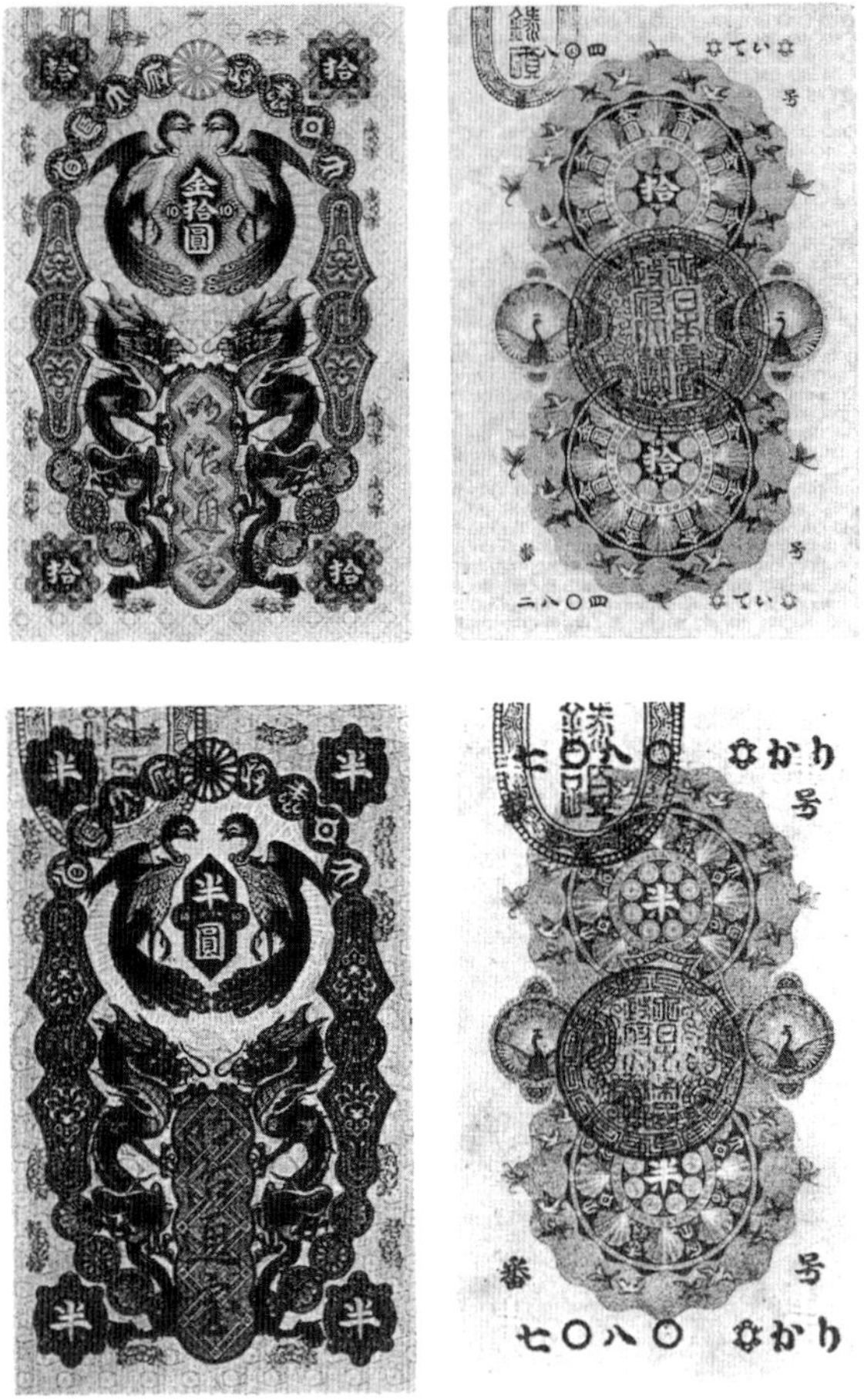

明治通宝。10円札（上）、半円札（下）

82 西郷札～争奪戦が起こるほどの人気～

松本清張の処女作は？と聞かれて、『西郷札《さいごうさつ》』と答えられる人は、なかなかの清張通であろう。では西郷札とはいかなるものであったのか。

明治十年（一八七七）の西南戦争に際し、西郷隆盛率いる薩摩軍は、軍備調達のため戦時証券を発行した。それが西郷札である。西郷札は紙製ではなく布製で、十円から十銭まで六種あり、それぞれ黄色、鼠色、藍色などに色分けがされていた。

当然のことながら、西南戦争で薩摩軍が破れると、西郷札は全く価値を失い紙切れ（布切れ？）同然となった。しかし、敗軍の将ながら西郷隆盛の人気は絶大だったから、西郷札をコレクションする西郷ファンは少なくなかったらしい。

明治十三年（一八八〇）六月五日発行の『有喜世新聞』第七百二十号に次のようなエピソードが紹介されている。

「大阪府南区に住む商人・柳井七兵衛は大の西郷びいきで、ある日難波新地の料亭へ遊びに行き、芸妓を上げて大騒ぎするが、夜になると腹が痛み出し、雇人を戎橋の売薬店・播磨屋嘉平へ丸薬を買いに行かせた。その丸薬を飲むと腹痛も治まったので、その料亭で雑魚寝《ざこね》した。

ところが、朝起きて札入れを見ると、後生大事にしていた西郷札一枚が無くなっている。昨日薬を求めに雇人を遣わした時、薬屋に払ったに違いないと気づき、急いで引き換えに行かせたところ、薬屋の嘉平は顔色を変えてこう言った。

『三年越しに西郷様の御札を一枚欲しいと思い、もし手に入るなら金に糸目は付けまいと願っていたところ、昨夜はいかなる吉日か、丸薬一袋を売った代金に図らずも手に入り、これはこの家が栄える瑞相《ずいそう》に違いないと、こうして神棚に上げ、御神酒《おみき》を捧げ菓子を備えて、家内揃って拝んでいた最中なので、気の毒ながら返すことは出来かねる』。

それを聞いた七兵衛は、この上は裁判を仰いでも取り返さんと、嘉平と掛け合うが彼もまた大の西郷びいきだったので、おいそれとは応じなかった。

後日どうにかこうにか、件《くだん》の西郷札を取り戻した七兵衛は大喜びし、天へ昇って西郷星（西南戦争時に火星が大接近し、そうとは知らぬ庶民の間で星の中に西郷隆盛の姿が見えるという噂が流れ、こう呼ばれた）に早くこのことを報告したいと、騒ぐありさまだった。一方嘉平のほうは、がっくり力を落としており、さてもさて二人とも相当な『南洲白痴』（西郷かぶれ）である」

星となった西郷も、ここまで慕われて本望だったか、あるいはいい迷惑だったか。

西郷星（「明治奇聞」）

83 銀行〜百五十三もあった「国立銀行」〜

江戸時代には両替商という商売があって、両替のほか貸付や預金、手形など、現在の銀行のような業務を担っていた。ちなみに貸付はもとより預金にも利息が取られた。いわばマイナス金利だったわけである。

明治に入ると、新政府は産業振興を図るため、「為替会社」の設立を推進した。会社への融資や預金、為替などを主な業務とし、東京、横浜、京都、大阪、神戸、大津、新潟、敦賀の八ヵ所に設置されたが、業績はいずれも芳しいものではなかったらしい。

明治五年（一八七二）十一月、殖産興業と不換紙幣の整理を目的に国立銀行条例が制定されると、為替会社は、横浜為替会社（銀行に移行）を除きすべて解散した。この条例に基づき、翌明治六年六月に第一（国立）銀行が発足する。のちの第一勧業銀行、現在のみずほ銀行である。

名称は国立銀行だが、「国法によって立てられた銀行」という意味だから、内容は、民間資本によってつくられ運営される銀行であった。その後の数年で第二、第三の国立銀行ができるが、明治九年（一八七六）八月に条例が改正され、不換紙幣の発行が可能になる（銀行紙幣の発行が容易になる）と、爆発的に増え始める。

明治十二年（一八七九）までに、百五十三の国立銀行が設立されるに至ったが、明治十年（一八七七）八月七日の『郵便報知新聞』に、小銀行の乱立を皮肉る次のような記事が出ている。

「当節の流行は、室内射的場《しゃてきば》と小株の銀行だとの悪口を聞くが、なるほどそうかと思うのは、信州一国で松本に資本金十万円の第十四銀行が七日に開業し、上田に第十九銀行が資本金十万円ですでに許可が下り、飯田に第二十四銀行が資本金八万円で四日に許可が下りたのを見てのことだ」

これほど乱立した国立銀行だが、明治十五年（一八八二）六月に日本銀行が設立され、紙幣発行は日本銀行のみが行うことになると、国立銀行は普通銀行へと順次移行し、移行後は戦時統合によって一挙に数が減るとともに、元の銀行名も変更されていった。

第一国立銀行

現在長野市に本店を置く八十二銀行は、明治十一年（一八七八）に発足した第六十三銀行と第十九銀行が昭和六年（一九三一）に合併して誕生した銀行（63＋19で82）で、元の第八十二（国立）銀行とは別物である。

ところで、これだけ銀行があれば、さぞや銀行強盗も多かろうと思って調べてみると、意外なことに、昭和七年（一九三二）十月に川崎第百銀行（元第百国立銀行）大森支店が襲われたのが（大森事件）、日本初の銀行強盗事件のようである。

84 財閥〜丸の内に虎を飼う？〜

戊辰戦争で徳川幕府が滅びると、江戸にいた大名たちは本国に帰り、幕臣たちは徳川家に従って駿府《すんぷ》（現静岡市）へ移った。維新直後の東京の人口はそれまでの半分以下となり、中心部はすっかりさびれて、キツネやタヌキの住処となっていた。

取りあえず、開墾して桑畑や茶畑にすることが推奨されたが、丸の内辺りには、やがて陸軍の兵舎や練兵場が建てられていった。それから二十年ほどたった明治二十三年（一八九〇）三月、市区改正計画に伴い、丸の内界隈の約八万四千坪の陸軍用地が民間に払い下げられることになった。

それを買い取ったのは、三菱財閥の二代目総帥・岩崎弥之助《やのすけ》であった。三菱財閥は三井、住友とともに三大財閥と称されるが、三井、住友が江戸時代からの老舗であるのに対して、明治に入ってから基盤を築いている。

弥之助の兄である初代総帥・岩崎弥太郎《やたろう》は、同じ土佐出身の坂本龍馬と交流があり、今や幕末のドラマではおなじみの人物だ。維新後は新政府の政商として頭角を現し、まずは海運と商事で事業を展開、西南戦争で巨利を得る。その弥太郎が明治十八年（一八八五）に死去し、その跡を継いだのが弥之助であった。

弥之助は兄の遺志を尊重しつつも、「海から陸へ」事業の転換を図る。丸の内一帯の土地買収もその一環であった。当時は不景気の真っ只中だったので、誰も払い下げに応じようとない中、一人弥之助が百二十八万円で買い取ったのである。百二十八万円という額は、当時の東京市の年間予算の三倍に相当したという。

彼はそこにあった兵舎や施設をすべて取り払った。丸の内一帯は再び荒れ野原になってしまい、その様子を明治二十四年（一八九一）五月二十八日の『時事新報』が伝えている。

「丸の内の陸軍部内の諸建物は、市区改正設計のため、先に岩崎弥之助氏が一手に払い下げを受けて、ことごとくこれを採り毀《こわ》したので、数寄屋橋から龍ノ口辺りまで、一目に見渡せるほどの一大原野に変じ、官庁へ出仕の官吏が帰宅した後は、往来の者も少なく、特に夜間は四辺寂として、婦女子は到底通行しがたい有様である」

ある人が「この広大な荒れ地を巨額で買い取って、いったい何をさるおつもりか」と弥之助に尋ねると、弥之助は平然と「なに、竹でも植えて、虎でも飼うか」と答えたという。

もちろんこれは冗談で、その後弥之助は丸の内に次々と商業ビルを建てていく。やがて、丸の内は「三菱村」と呼ばれる、日本を代表するオフィス街に成長し、三菱は財閥としての地位を確かなものにしたのであった。

岩崎弥之助

85 生命保険〜寿命が保証される?〜

保険は十五世紀のイタリアで、海上保険の形で始まったとされる。その後、ヨーロッパ各地に広まり、日本には幕末、福沢諭吉によって伝えられた。福沢は、著書『西洋旅案内』の中で、西洋で行われていた生命保険と損害保険について紹介している。

明治十三年(一八八〇)、元大蔵官僚の若山儀一が日東保生会社を設立し、これが日本初の生命保険会社とされているようだ。もっとも、同年二月十三日の『いろは新聞』には、「麹町区の某ほか数名の発起で、欧州の人命保険会社に倣って、遺族保険会社を設立し、掛け主が死んだ時、積金に応じて遺族に埋葬料を支払う由」との記事が出ており、あるいは複数の保険会社が誕生していたのかもしれない。

ところで、日東保生会社は経営がうまくいかず、翌年には解散してしまう。自分の死が待たれるような契約に日本人はまだ抵抗があり、加入者が集まらなかったようだ。

日本にも江戸時代には、頼母子講《たのもしこう》など相互扶助の制度があるにはあった。だが、もともと仏教思想に基づくものであったから、西洋の合理精神から生まれた保険制度には、すぐには馴染めなかったのだろう。

日東保生会社が解散した明治十四年(一八八一)には、明治生命保険会社(現明治安田生命保険)が営業を開始するが、「生保に入ると寿命が縮む」とか「生保の勧誘員は寿命を言い当てられる」

といったデマが流れ、事業は苦戦を強いられたようだ（生命保険と聞いて、寿命を保証してくれる制度と勘違いした者もいるらしいが）。

しかし、文明開化の流れの中で、徐々に保険の理念も国民に浸透し、明治二十七年（一八九四）に日清戦争が勃発すると、保険の人気は沸騰して保険会社が乱立し、中には相当怪しげな会社も出てきたようだ。それを皮肉る漫画が、明治二十九年（一八九六）二月二十九日の『団団珍聞』に載っている。

「保険の流行」というタイトルで、電信保険、泥棒保険、米びつ保険、学術保険、花嫁保険という、実在しない様々な保険を漫画で面白おかしく描いている。花嫁保険というのは、嫁さんに逃げられた時にお金が出るのか、はたまた嫁の「当たり」が悪かったときに拠出金がもらえるのだろうか？

「保険の流行」と題した漫画
（明治29年2月29日「団団珍聞」）

86 工女〜外国人に生血を吸われる?〜

幕末、開国によって外国との貿易が始まると、日本の生糸に目を付けた外国商人によって、生糸と蚕種《さんしゅ》（蚕の卵）の輸出がさかんになり、一時は全輸出額に占める割合が八割を超えた。しかし、粗製乱造が横行したため、政府はフランス人の専門家、ポール・ブリューナを招き、官営の模範的な製糸工場を建設した。それが後年、殖産興業の代名詞のように言われる富岡製糸場《とみおかせいしじょう》である。

明治五年（一八七二）六月予定の操業開始に先立ち、製糸場で働く工女の募集が行われたが、思いのほか応募者が集まらなかった。その理由の一つは、人々が外国人の飲むワインを血と思い込み、「工女になると外国人に生血を吸われる」というデマが流れたからだといわれる。

このデマを払拭するため、製糸場の設立に関わり初代場長となる尾高惇忠《おだかあつただ》は、自分の娘・勇《ゆう》を工女として雇い入れた（彼女が日本の工女第一号とされる）。しかし、それでも工女の確保は進まず、予定より三ヵ月遅れて操業を始めた時点でも、工女数は予定の半分ほどの二百人余りであったという。

その後は、工女の補充が順調に進み、翌年四月には五百五十人を超えるまでになったが、それには工女の労働環境の充実が与って力があったようだ。

工女といえば、半世紀後の大正時代、民間の紡績工場の劣悪な労働環境を訴えたルポルタージュ『女工哀史《じょこうあいし》』（細井和喜蔵《わきぞう》著）をつい思い出すが、富岡製糸場は何といっても官営のモデル工場である。労働時間は一日約八時間、日曜休み、年末年始と夏期にそれぞれ十日の休暇、食費・寮費・医療費は会社持ち、制服貸与、のちには工女余暇学校という教育所まで設けられた。この好条件に加えて、安定した現金収入が確保できるのだから、少女たちにとって（その親たちにとっても）、極めて魅力的な職場だと気づいたに違いない。

こうした待遇の良さは他の製糸場にも飛び火したようで、明治九年（一八七六）九月六日の『朝野新聞』に次のような記事がある。

「当節、上州信州並びに奥羽諸国においては、糸をとる婦人の雇い賃が、一日一円から二円、十一、二歳の女子でも一円五十銭の仕事をするそうだ。それゆえ、洗濯稼ぎなどをしているものは一人もなく、自分の着物も少し悪くなると売ってしまい、新たに買って仕立屋に縫わせるぐらいの景気の良さ。誠に結構なことだが、奢りの癖がついて、今に仕事がなくなるか、糸の価格が下がると、にわかに風車の糸をとっても食えなくなるだろう」

「洗濯稼ぎ」とは、江戸時代に見られた、裕福な家から洗い物を集め、共同の井戸で洗濯して金をもらう「洗濯女」の仕事のことだろう。また、玩具の風車づくりが女の（低賃金の）内職として行われていたことが伺える。

ともあれ、明治から大正にかけて、この記事が予測したと通り、経営の悪化等によって労働条件の整わない工女の職場が増えてゆき、『女工哀史』に見るような悲惨な事態を招くことになったのである。

性風俗

87 芸娼妓解放令〜「牛馬ときほどき」と称された〜

日本には、公に営業の許可を得た公娼制度は遅くとも鎌倉時代からあり、江戸時代には江戸の吉原、京の島原、大坂の新地など各地に公娼制度に基づく遊郭ができていた。

それは、明治維新後も存続したが、明治五年（一八七二）十月二日、新政府は芸娼妓《げいしょうぎ》解放令を公布する。売春禁止の政策かと思いきや、これは借金に縛られた年季奉公の娼妓らの解放を命じたもので、売春そのものを禁止したわけではなかった。というのも、この法令公布には、三ヵ月前に発生した「マリア・ルーズ号事件」が意外な形でかかわっていたのである。

同年七月九日、横浜に停泊中であったペルー船籍のマリア・ルーズ号から、一人の清国人苦力（クーリー）が過酷な労働に耐えかねて逃亡し、イギリス軍艦に救助された。その清国人から話を聴いたイギリス側は、マリア・ルーズ号の清国人苦力らが奴隷として買われたものと判断し、日本政府に彼らの救出を要請した。

これを受けて外務卿の副島種臣は、人権を重んじる文明国家として、同号の船長を訴追し、清国人苦力を解放する措置をとった。しかし、船長はそれに不服の意を表し、船長側のイギリス人

芸娼妓解放令後の吉原の雑踏を描いた図（明治13年「艶娘毒蛇淵」）

弁護人は、「日本は奴隷契約の無効を言うが、日本では遊女の人身売買が公然と行われているではないか」と反論した。

この事件は、その後ペルー本国からクレームが付き、ロシアの仲裁によって日本の判断の妥当性が認められるのだが、痛いところを突かれた日本側も、芸娼妓を解放する措置をとらざるを得なかったのである。

芸娼妓解放令は、その条文の中に「娼妓芸妓は人身の権利を失ふ者にて牛馬に異ならず」という文言があったことから、「牛馬ときほどき」と称された。実際、彼女たちは牛馬と変わらぬ扱いを受けていたのだろう。

もっとも、法令発布までに時間的余裕がなく、解放された女性たちの再就職をどうするか、といった問題については対策が講じられていなかった。そのため、公娼制度の改善にはほとんど繋がらなかったのである。

明治五年（一八七二）十月の『新聞雑誌』第六十六号に次のような記事がある。

「このたびの御改革で、新吉原のある遊女は親元へ引き取られたが、老母一人で貧窶《ひんる》の暮らしぶりであったので、糊口もおぼつかず母子ともども東橋より身を投げて死んだ。また、別の遊女は、身元引受人の男がありながら、他の男とも情を通じたため、嫉妬にかられた身元引受人に顔を切られた。その他、遊女たちの身の振り方は、千形万丈であるが、もっとも多いのが、身元の引き受け手もなく、再び娼笑を売るケースである」

こうした状況は、かえって「密売所」を増やして社会の風紀を乱すという声（裁判のうち十中七八が姦通の罪なのも法令のせいだと）も上がり、娼妓制度の再認可を建白する者まで現れた。実際、矢場《やば》（射的場）や新聞縦覧所では、秘密裏に売春が行われていたことが知られている。

そんなこんなで、その後も公娼制度は存続し、明治三十三年（一九〇〇）十月に娼妓取締規則が制定されて、娼妓の自由廃業が認められたものの、結局全廃は、昭和三十三年（一九五八）四月の赤線廃止まで待たねばならなかった。

新聞縦覧所で客を引く女（明治39年6月12日「やまと新聞」）

88 混浴〜何度禁止されても無くならなかった〜

下川耿史《しもかわこうし》著『混浴と日本史』によると、古代の日本では、地方の温泉地を中心に混浴が伝統的に行われていたようだ。大都市・江戸においても、江戸時代の半ばに誕生した「入り込み湯」という銭湯は、男女混浴であった。

それ以前には湯女《ゆな》風呂という浴場があって、湯女と呼ばれる女性が垢取りや髪洗いをしていたが、やがて彼女たちは、遊女のような役割も担うようになり、競合する吉原など遊郭の攻勢で、明暦《めいれき》二年（一六五六）にすべて取りつぶされていた。

しかし、なぜ混浴だったのか。男側にしても、嬉しいばかりとは言えないはずで、自分の女房や娘の裸が、他の男の目にさらされるのはいい気がしなかったろう。何より自制心を要求されて、ゆっくりとはくつろげなかったのではないか。

男女別々に窯を焚けば不経済という風呂屋の都合もあったろうが、本来なら拒絶すべき女性側にも事情があったようだ。『混浴と日本史』では、当時は江戸の人口に占める女性の割合が増加し、女性たちの多くは地方出身だったので、混浴に抵抗がなかったとする。

また、女だけの女湯、男だけの男湯もあるにはあったが、女湯は混み合っているうえにうるさいので、わざわざ男湯に入る女性もいたらしい。女の側から押しかけて来たというのだ。まあそんなこんなで、混浴の慣習は維持されていたのだろう。

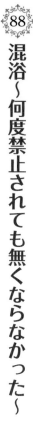

もっとも、夜中や暗い場所ではふしだらな行為に走る男女がやはりいたので、寛政三年（一七九一）、寛政《かんせい》の改革の一環として混浴禁止令が出された。ところが、この禁止令は最初こそ守られたものの、すぐに有名無実化してしまう。意外にも混浴禁止に対する庶民側の抵抗は強かったのだ。

その後も幕府は何度も混浴禁止令を出すが、事態は一向に改まらなかった（幕府の禁止令は「三日法度《はっと》」と揶揄された）。

幕末、開国によって外国人が来日すると、混浴は厳しい批判にさらされる。黒船のペリーは、帰国後の報告書の中で、男女混浴の公衆浴場を目にして、日本人の道徳性の欠如を指摘し、米艦隊の通訳官、サミュエル・ウィリアムスは、日記の中で「私が見聞した異教徒諸国の中でこの国が一番淫《みだ》ら」と批判している（下田停泊中の米艦ポーハタン号に吉田松陰が密航を企てた時、ウィリアムスは松陰の通訳を務めた）。

敬虔なキリスト教徒の目には、男女混浴は信じられないような光景に映ったのだろう。日本側が、そうした外国人の批判に手を打ったのは、明治新政府になってからである。文明国家として諸外国に認知されるためには、混浴は必ず廃止しなければならない「悪習」だったのだ。

新政府は矢継ぎ早に混浴禁止の布令を出す。明治元年（一八六八）八月、築地居留地の開設に当たって、付近の銭湯の男女混浴を禁止。同月、大阪府が混浴禁止。翌明治二年二月、東京府が「市中風俗矯正」の中で男女混浴を禁止。秋田でも混浴禁止。

明治三年（一八七〇）、東京府が重ねて混浴禁止。明治四年十月、京都で「いまだ止まない男女の混浴さらに厳禁」というお触れ。明治五年（一八七二）三月、神奈川県で男女混浴禁止、違反者は罰金二百文。そして同年十一月、東京府の違式註違条例が制定され、その中でも混浴の禁止が定められた。

しかし、これだけ次から次へ布令が出されたということは、徳川幕府時代同様、銭湯側が布令を守ろうとしなかったということである。まさにお上をあざ笑うが如きである。銭湯を利用する庶民もそれを支持（許容）したのだろう。

禁令に従って男女の仕切りを設けても、形だけで実態は混浴であったり、中には仕切りをガラス張りにする銭湯も現れたらしい。地方の温泉場などでは、何やかやと理由を付けて、混浴禁止の除外申請を行うところもあった。

明治七年（一八七四）九月、業を煮やした東京府は違反者を検挙する方針を打ち出したが、焼き石に水であった。文明開化を推進するお上の意向より、一般庶民は長く続いた慣習のアメニティを優先させたのである。

明治三十三年（一九〇〇）五月にも、十二歳以上の男女の混浴を禁止する布達が内務省より出されているから、その後も状況は変わらなかったようだ。男女混浴が町の銭湯から見られなくなるのは、明治も終わり近くになってからである。

89 春画～貸すのはOK？～

春画の起源は平安時代にまで遡るらしい。木版技術が発達した江戸時代には大ブームとなり、成人男子だけでなく、老若男女が親しんだという。超一流の浮世絵師である鈴木晴信《はるのぶ》、鳥居清長《きよなが》、喜多川歌麿《きたがわうたまろ》、葛飾北斎《かつしかほくさい》、歌川国貞《うたがわくにさだ》などもこぞって春画を手掛けていたから、芸術作品としてのレベルも高かった（近年、若い女性も含めた幅広い層で春画が人気なのは、それを評価してのものでもあろう）。

明治に入ると、春画は外国人の眼には猥褻《ひわい》に映ったこともあり、文明国家の体面を保つため、取り締まりの対象となった。明治五年（一八七二）に発布された違式詿違条例において、春画及びその類の諸器物の販売が禁止されたことは、前に紹介したとおりである。

実は、江戸時代の「享保《きょうほう》の改革」、「寛政《かんせい》の改革」、「天保《てんぽう》の改革」においても、春画は禁制になったが、その都度、アンダーグラウンドでつくり続けられた。明治になっても状況は同じだったようで、明治九年（一八七六）八月七日の『東京日日新聞』に次のような記事がある。

「春画が厳禁になってから、道具屋、古本屋は言うまでもなく、絵双紙屋《えぞうしや》にもこれらの淫書を売買する者は一人もなく、実に文明開化の御代の美政だと思っていたが、先頃ある人が、麻布へ行った帰り、暑さに耐えかねて芝辺りで銭湯に入って汗を流し、二階へ上がって涼んでいると、貸本屋がやってきて色々な小説本や人情本を取り出す中に、数巻の春画があった。

『これは販売厳禁になったはずだ』と言うと、

『いや私どもはぐっと古く、まだ発売お差し止めになる前に仕入れました』と答える。

『古く買っても御制禁の品を商売にしてはなるまい』と言えば、

『いや売るのではありません。貸すのです』などと答える。

『それは心得違いだぞ』と意見を加えると、

『ごもっともではございますが、私ばかりではございません。貸本屋は皆持っております。そのうえ、近頃は絵なしの春冊が流行っておりますから』と反省のそぶりもなかった。

地獄（売春）も売る方ばかりが厳禁で、買う方には罪がないが、春画もその気味があるので、根が絶えないのだろう」

春画の販売禁止も、抜け道があったということだ。

教育

90 小学校～子供を集めて生血を絞る？～

近代化を推し進める明治政府は、それを担う人材育成のため、当然のことながら子供たちの教育に力を入れた。明治五年（一八七二）八月二日、初の教育法令である「学制」を発布し、その中で全国を学区に分け、初等教育機関として全国津々浦々に小学校をもうけることを定めた。

江戸時代の日本には、子供たち（男の子も女の子も）に読み書き、計算などを教える「寺子屋」があった。実務的な学問の必要性からその数は徐々に増え、幕末には全国で一万六千を超える寺子屋が存在したという。

政府は、これを小学校の設立基盤として活用しようとしたが、就学率は容易に伸びなかった。明治七年（一八七四）の段階で、就学率は男児で四十六パーセント、女児では十七パーセントでしかなかった（ちなみに、明治八年時点の全国の小学校数は二万四千校に上っている）。

というのも、当時の小学校は六歳から十歳までの四年制で、子供といえどもその年頃になれば、丁稚や子守、家事手伝いなど仕事はいくらでもあり、そちらを優先させる親も多かったのだろう。

明治六年（一八七三）七月二日の『東京日日新聞』の、岡山県で発生した血税騒動を伝える記事に、地域の小学校に触れている箇所がある。

「この頃、またしきりに噂するのは、学校学校というて、村々に子供を一ヵ所に集める所を拵《こしら》えておいて、目印の旗に番付けを記して立てておくと、それを目当てに唐人（外国人）が来て、集めている村中の子供を一度に絞め殺して、生血を絞るという説がもっぱらで、十日ばかり前から子供を学校へやることを止めたそうだ」

ここでもまた、生血絡みのデマが飛び交ったわけだが、学校設立を急いだ当局への反感が見て取れる記事でもある。

明治二十三年（一八九〇）時点で、全国の就学率はまだ四十九パーセント。しかし、明治三十三年（一九〇〇）八月に授業料が無料になると、就学率は急速に伸び、明治の終わりには、ほとんどの子供たちが小学校へ通うようになった。

小学校の体育（明治26年12月10日「風俗画報」）

91 師範学校～女子にも開かれた教師養成機関～

さて、日本国中に学校ができると、必要不可欠なのが子供たちを教える教師である。寺子屋の教師（師匠）は、町人、僧侶、浪人などが多かったが、明治の学制では、「小学校の教員は男女を問わず、年齢二十歳以上で師範《しはん》学校免許状或は中学校免許状を得し者」と定められた。

師範学校とは教員の養成機関で、明治五年（一八七二）七月に東京湯島で開校し、翌年八月には全国六大学区に官立の師範学校が設けられた（その際、東京湯島の師範学校は東京師範学校と改称されている）。そして、明治七年（一八七四）十一月には東京女子師範学校が御茶ノ水に開校している。各府県に一校ずつ、男子部と女子部のある公立の尋常師範学校が設置されたのは、明治十九年（一八八六）四月のことである。

学校教育界が、明治初期から女性に門戸を開いていたことは注目に値する。教師は文明開化で生まれた、数少ない女性職種の一つだった。それだけに、彼女たちのプライドや権利意識は、一般女性の比ではなかったのだろう。

明治九年（一八七六）九月二十日の『読売新聞』に次のような記事がある。

「このごろ、女子師範学校の女生徒たちが、学科のことに不服でしきりに教師に迫り、連印をして校長へ書面を差し出したという。他にも呉服橋へんの女生徒が、このほど学校の訓導《くんどう》の代わったのが不服で、大勢そろって区役所へ申し出すと言っているというが、この節の女の子はなかなか気が強くなりました」

女子師範を出るとまずは訓導（教諭の旧称）として勤めることになるが、校長と直談判するぐらいの気概がないと、記事の後半に出てくるような、問題意識の強い女生徒たちをさばくことはできなかったろう。

ちなみに師範学校は、戦後の教育制度改革で廃止となり、各国立大学の教育学部などに改変された。これにより訓導という言葉も死語となった感がある。

92 女学校～ファッショナブルな「海老茶式部」たち～

明治三年（一八七〇）、アメリカの女性宣教師メアリー・エディ・ギターが、横浜居留地六番（居留地では一定面積で区画割がなされ、それぞれに番号が付されていた）に女子教育の学校を開く。これがのちのフェリス女学院である。同年、やはりアメリカの宣教師カロゾルスの夫人ジュリアが、築地居留地六番に私塾A六番女学校（現「女子学院中学校・高等学校」）を創設する。

これには面白いエピソードがあって、先にカロゾルスが英語塾を開いたところ、男装をした日本の少女が入塾を申し込んできた。女子が学問をすることは憚《はばか》られた時代であったから、英語をどうしても学びたかったその少女は、男子を装って入塾しようとしたのであった。

それを知ったジュリアは、そんな向学心のある女子がいるのなら、と女学院をつくることを思い立ったといわれる。

日本人の手になる女学校としては、明治四年（一八七一）に官立の東京女学校（のちに東京女子師範学校と統合）、明治五年に新英学校女紅場《にょこうば》（現京都府立鴨沂《おうき》高校）、明治七年（一八七四）に海岸女学校（現青山学院）、明治八年（一八七五）に跡見《あとみ》学校（現跡見学園）、エディ女学院（現平安女学院）などがそれぞれ開校する。

地方でも女学校の開校が相次いだが、これらは将来の良妻賢母を育成することに重きを置いたきらいがあった。しかし、今も昔も少女たちは品行方正ばかりとは限らない。そうかあらぬか、女学生の間に本来は男の着物であった袴が通学服として流行する。奇しくもここでまた「男装の麗人」が出現したわけだが、その姿に大人たちは眉をひそめたようだ。

明治十四年（一八八一）十月三日の『東京日日新聞』に次のような記事がある。

「浜尾文部権大書記官が東北の諸県を巡回の折、山形県の各学校を回られると、女生徒らの風体に半男半女の姿あ

梅花女学校の授業風景（明治22年2月7日「朝日新聞」）

り。靴を履き、袴をつけ、意気揚々として生かじりの同権論などをなす者もいる。それゆえか、心ある者は女子を学校へ出すのをきらい、女子の就学する者は少ないようだ。同書記官は、慨嘆の余り各所で右の悪弊を矯正すべきことを論じ云々」

各方面からの批判を受け、女学生の袴は明治十六年（一八八三）に一旦禁止される。ところが明治十八年、華族女学校の下田歌子《しもだうたこ》教諭が、女学校での運動や椅子での授業にも適した女学生用の袴を考案。多くのプリーツがあり、色は海老茶で、ファッション性の良さから女学生の間にいっぺんに広がった。

世間はある種の羨望とからかいの気持ちを込めて、彼女たちを「海老茶式《しき》部《ぶ》」と呼ぶようになる。今や大学の卒業式で定番となった女子学生の袴姿は、こうした文明開化の風潮の中で始まったのである。

自転車に乗る女学生（小杉天外の新聞小説「魔風恋風」の挿絵）
（明治36年2月25日「読売新聞」）

93 東京大学〜卒業式をボイコットした東大生たち〜

学制の整備と並行して、新政府は国家のエリート養成に着手していた。明治二年（一八六九）、旧幕時代の教育機関を引き継いで大学南校と東校を設立、両校は開成学校と東京医学校と名前を変えたのち、明治十年（一八七七）四月に統合されて東京大学となった。

さらに、明治十九年（一八八六）三月の帝国大学令で「帝国大学」に改称され、工部大学校を吸収合併し、日本初の総合大学に発展した。明治三十年（一八九七）六月、京都帝国大学の創設に伴い、東京帝国大学に改称され、再び東京大学となるのは、戦後の昭和二十二年（一九四七）、新制大学として生まれ変わった際である。

明治初頭には唯一の最高学府として、今以上に超エリートの集まりだったはずの東京大学だが、東大生といえどもやはり人の子、不祥事からは逃れられなかった。

明治十八年（一八八五）三月十日の『郵便報知新聞』に次のような記事がある。

「東京大学では、これまで一定の制帽はなかったが、学生の体面を保持し、互いに品行を磨励《まれい》するには、外見上においても一種特別の表象が必要として、このたび学生有志が申し合わせ、欧州諸大学で用いている大学帽の形を折衷し、一定の帽子を製して学生の制帽に代えたい旨を、大学へ出願し許可を得たので、近々これを用いることになる」

東大の制帽が定まったという話だが、実はこの六年前の明治十一年（一八七八）、紅灯の巷を徘徊するなど東大生の不良行為が頻発し、調査の結果数十名の学生の名が挙がり、うち四名が退学処分となる事件が起こっていた。

大学当局は、不良化防止の一策として「制服制帽の制定」を提案し、まずは制帽のデザインについて学生に募集したところ、なにがしかの応募があったのだろう、その中から四角い形の帽子が全会一致で選ばれ、前記の新聞記事になったのである。

帝国大学（明治27年「東京名所案内」）

明治十六年（一八八三）十月二十七日には、卒業式をボイコットした東大生たちが、寄宿舎でガラス窓に石を投げ、羽目板を蹴破り、机を壊し、額を踏み潰すといった乱暴を働く事件が起こっている。犯行理由についてははっきりしないようだが、これにより十一月二日、百四十七名が退学処分となった。

さらに同月二十四日、今回の退学生については、文部省所管の官立、公立、私立のいかなる学校へも入学を禁止する旨の通達が出た。退学生の中には、のちの文部大臣や東京市長、大審院判検事、大手銀行の重役、著名な学者博士、弁護士、新聞記者などが含まれていたという。

他大学への入学を禁じたのは、将来有為な青年たちだったので、一時処罰はするものの、他大学に取られるのは惜しいからだろう、との見方があったが、案の定、十二月十二日の『朝野新聞』は、退学生が三回に分けて順次復学が許されることになった、と伝えている。

その記事の中で「最も気の毒なのは徴兵適齢の生徒で、来年の徴兵が逃れられなくなった者だろう」と同情しているところが面白い。当時学生には徴兵免除の「大特権」があったのだ。

煙草屋の娘と話す大学生（明治40年10月1日「東京パック」）

94 廃仏毀釈～火葬、托鉢までが禁止に～

江戸時代以前、日本には神仏習合《しんぶつしゅうごう》という風習があった。神さんと仏さんが仲良く共存していたのである（一神教の西洋人にはこれも野蛮に映ったようだが）。それを明治新政府は打ち壊した。慶応四年（一八六八）三月、神道国教化による国家運営を図るため、神仏混淆《こんこう》を禁止する布告を出したのだ（神仏分離令）。

これにより、いわゆる廃仏《はいぶつ》希《き》釈《しゃく》運動が全国規模で起こり、多くの歴史的・文化的価値のある文物が失われた。特に神仏習合色の濃い寺院は激しい攻撃を受けたようだ。

明治三年（一八七〇）十月五日の『太政官日誌』に次のような記事がある。

「樹下《じゅげ》正四位（茂国《しげくに》）、その方は御一新後、神祇官権判事《じんぎかんごんのはんじ》在職中、神仏混淆禁止の折から、他国神職の者をも誘い、兵器を携え、山門（延暦寺）からの示談にも応じず、ほしいままに仏像・仏具等を焼き捨て、粗暴の所業に及び、きっと御沙汰の科があるべきところ、格別の御寛典をもって、謹慎を仰せつける」

日吉大社（滋賀県）は天台宗の総本山延暦寺（同県）の守護神である。同社の社司・樹下茂国らは、神仏分離令が出た直後、地元農民らを巻き込んで廃仏毀釈を開始、神殿に祀られていた延暦寺所管の本地仏や仏具、仏器、経典など百二十四点を焼き捨てたとされ、その後も同社の延暦寺攻撃は続いていたのだった。

一方、仏教側の反抗もあった。明治四年四月十八日の『民部省日誌』によると、菊間藩(千葉県市原市)の三河領地に神仏混淆の旧習改正のため、官吏を出張させ郷民を教誨《きょうかい》(教え諭すこと)しようとしたところ、僧徒らがこれに反発し、法類や檀家数千人を集め、武装して人家を毀壊《きかい》し、官員を傷殺する暴挙を働いた、という事件が起こっている。

ともあれ、廃仏毀釈運動は相当過激に行われ、政府が寺の領地を召し上げた上知令の影響もあって、平等寺(奈良県)、白雲寺(京都府)、中禅寺(茨城県)、福昌寺(鹿児島県)といった名刹が廃寺に追い込まれている(中禅寺は昭和初期に復興)。

面白いのは、廃仏毀釈の流れの中で一時火葬が禁止されたことだ。もとより、火葬は仏教の葬礼様式ということから、神道派の圧力があったようで、明治六年(一八七三)七月十八日、火葬禁止令が布告された(ちなみに、前年には僧侶の托鉢《たくはつ》も禁止されている)。

しかし、火葬が禁止になって皆が土葬をするようになると、困ったことが起きた。土葬は火葬よりも埋葬に必要な面積はずっと広い。やがて、都市部では墓地が足りなくなって、埋葬を拒否する墓地も出る事態となり、二年後の明治八年(一八七五)五月二十三日、火葬禁止令は廃止となった。

もっともこの年、信教の自由を求める西洋諸国の声もあり、神道の布教するために設けられていた大教院が閉鎖され、実質的に神道国教化の政策は放棄されている（托鉢も明治十四年に禁が解かれた）。廃仏毀釈にかかわるドタバタは、庶民から「朝令暮改の極み」と揶揄された。

神仏混淆の禁止を題材にした北沢楽天の漫画。「お前の家ではまだ神仏混淆だね」「なぜ？」「お前が生き仏で女房が山の神だ」（漫画明治大正史）

95 キリスト教容認～明治八年のクリスマスパーティー～

慶長十八年（一六一三）に幕府が全国に向け禁教令を布告して以降、江戸時代を通じてキリスト教は禁制であった。幕末の開国後は、外国人居留地では信仰が許されたが、布教は認められなかった。

明治新政府が「五箇条の御誓文《ごせいもん》」を布告した翌日の慶応四年（一八六八）三月十五日、五枚の高札《こうさつ》による「五榜《ごぼう》の掲示」が出されるが、その中にも「切支丹《きりしたん》・邪宗門《じゃしゅうもん》厳禁」がうたわれていた。ちなみに高札とは、古代から明治初期に見られた、法令などが書かれた板の札で、民衆に周知させるため、往来に高く掲げられた。

ところが明治六年（一八七三）二月、この高札は突如撤去となった。それには、明治四年から欧米を訪問していた岩倉使節団が、各国でキリスト教の解禁を強く求められたからだといわれる。政府としても、不平等条約の改正交渉を有利に進めたい思いがあり、その要求を飲まざるを得なかったのだろう。

ところで、幕末にアメリカへ密航した新島襄がキリスト教の宣教師として帰国したのは、キリスト教が解禁となった翌年の明治七年（一八七四）十一月のことである。在米中に岩倉使節団の現地案内を行った新島には、文部官僚への誘いもあったが、彼は「政府の奴隷にはなりたくない」と言明して、自らの信条に従い京都でキリスト教の学校づくりに取り組んだ。

そんな新島に共感したのが、元会津藩士で京都府の顧問を務めていた山本覚馬で、新島は覚馬の協力を得て、同志社英学校の創設に成功する。しかも、覚馬の妹・八重を娶ることになり、明治九年（一八七六）一月三日、二人は京都にあったアメリカ人宣教師・デイビスの邸宅で、キリスト教式の結婚式を挙げたのだった。

さて、キリスト教の祭典といえば、何といってもクリスマスである。当時の日本で、クリスマスはどのように祝われていたのか。明治八年十二月二十六日の『東京曙新聞』に次のような記事がある。

「二十四日の夜はクリスマスイブ、すなわち耶蘇教《やそきょう》の宵祭《よいまつり》であり、中村敬宇《けいう》先生の学校教師カックラム先生の宅において、祭式が行われた。それには、東京の有名な碩学《せきがく》先生やら、諸寮の奥様やらが参集され、その中にはゼネラル西郷公の奥方からお嬢様などもお入りになられ、御同人様からは大そう立派な造花がそなえられた」

中村敬宇とは明六社の主要メンバーで、当時の著名な啓蒙思想家である。ゼネラル西郷とは、西郷隆盛は下野したあとだから、陸軍中将だった弟の従道のことであろう（従道の妻清子は、薩摩出身の大蔵官僚・得能良介《とくのうりょうすけ》の娘である）。学者や軍人も抵抗なくクリスマスイブの祭事に参加

新島襄（右）と妻八重（左）

していたことが分かる。

ともあれ、キリスト教の容認は、クリスマスなどの宗教行事を風俗として広めるきっかけにもなったのだろう。そして、それを担ったのは流行やファッションに敏感な女性たちであったのかもしれない。

実際、明治十一年十二月の『藝術叢誌《げいじゅつそうし》』に「本月二十五日は、西洋のクリスマスという耶蘇の祭日で、この祭日は本邦の氏神祭とひな祭と福引を一つにしたような慣習なり」としたうえで、東京銀座にあったミッションスクールの原女学校を例に出し、同校の美しいクリスマスデコレーションやプレゼント交換（プレゼントの種類は、日本在来の蜜柑やおこし、ハンカチ、前垂れなどであったそうだ）について解説した記事がある。

ところで、キリスト教式の結婚式は許されたが、遺体埋葬にかかわる葬式については、その後も規制の対象だったようだ。明治十一年（一八七八）九月五日の『朝野新聞』に次のような記事が載っている。

「宮城県の耶蘇教信者某は、先頃息子が死んだので、同宗徒某に依頼し耶蘇教式で埋葬したところ、その筋よりお調べの上、罰金二円五十銭を申し付けられた。しかるに同人は、ただ二円五十銭で可愛い子を天堂へ送るのは誠に手軽なことだから、皆さん子供が死んだら、寺へ遣るお布施をお上へ差し出して、耶蘇教の式で弔いなさいと、隣近所に喋り歩いた由」

このキリスト教者に共感する向きは少なくなかったかもしれない。

医療

96 医者～和製アバクネイル～

江戸時代、医者は許可制ではなかったので、誰でも開業できたわけだが、まずは師匠について修行し、実力が付いたところで独立するという形をとるのが一般的であった。

幕末になると、蘭学を学んだ杉田玄白《げんぱく》や緒方洪庵《おがたこうあん》が活躍するが、まだ全国レベルでは西洋医学は浸透していなかった。慶応四年（一八六八）五月二十二日の、上野戦争を報じる『江湖新聞』の記事に次のような箇所がある。

「足節を撃たれ深手を負った者約八十人が、神奈川戸部のフランス伝習騎兵屯所のあった建物に来て、外国の医者ウィリス、スカンネンル、ゼンキン三先生に治療を受けた。手負いの傷は、たいていライフル弾により撃たれたもので、治療中はコロロホルムという麻薬を用い、骨節を切断する手練《てれん》は迅速で、種々の医術を尽くし、手負いの者もその妙に驚き、西洋の医術は日本の医術よりはるかに優れていることを知り、救済に深く感謝したという」

新政府は、西洋医学の普及の必要性を痛感したに違いなく、欧米の医療事情を視察した岩倉使節団が帰国した翌年の明治七年（一八七四）八月十八日、「医制」が東京、大阪、京都の三府に向ける形で発布された。これは日本の衛生状態を高めるため、近代的な医療行政制度を導入しようとするもので、その中に医師開業免許制度の樹立が掲げられた。

明治九年（一八七六）一月十八日の『東京曙新聞』に、この試験実施に向けた通達文が出ている。

「今後、新たに医術開業しようとする者は、左の試験を受けて免状を授かること。ただし、従来開業の医師は試験を要せず、ゆえに県庁においては新たに免状を受け開業する者と混雑しないように処理すること」

前時代から医者をやっていた者の中には、どうかと思うような輩も結構いたようで、明治六年（一八七三）十月の『新聞雑誌』には、自分の履歴書さえ書けない字を知らぬ医者を批判する投書が載っているし、明治十年（一八七七）五月十九日の『読売新聞』には、患者に男女交合の精液を黒焼きにして他の薬種と混ぜて服用させたうえ、その患者の妻を誘惑した罪で、懲役七十日を申しつけられた医者の話が記事になっている。

面白いのは、明治七年（一八七四）十一月二十九日の『白川新聞』の記事である。

「早くに両親を失った天涯孤独、住所不定の十八歳の男が、突然讃岐の金毘羅神社と肥後の加藤清正廟を参詣しようと思い立ち、乞食旅行をしながら肥後国のある村まで来たところ、同村某の娘が眼病を患っているのを知り、自分は医者だからと偽って、薬を盛り治療を施した。僥倖《ぎょうこう》にも娘は快気し、それを聞いた近隣の者が我も我もと治療を乞いに来たので、男は同様の手続きで治療し、皆から謝金をせしめた」

しかし、やはりどこかで綻《ほころ》びが出たのだろう。五日後男はお縄となり、懲役三十日が言い渡されるが、これには但し書きがついていて、それには「原籍不分明により、満限後生活の目途が立つまで、懲治監入りを申し付ける」とあった。

未成年ゆえの温情措置のようだが、しかし、十八歳にして偽って医者を装うとは、まさに明治日本のアバグネイル（十六歳から二十一歳まで、医師や弁護士、パイロットになりすまし、詐欺を働いたアメリカ人。「天才詐欺師」と呼ばれ、彼の自伝はレオナルド・デカプリオ主演で映画化された）と言えよう。

97 看護婦～憧れの「白衣の天使」～

かつて、看護師はもっぱら女性の職業であったため、「看護婦」と呼ばれていた。シニア世代なら圧倒的に後者のほうに馴染が深いだろう。ところで、世界における看護婦の誕生には、日本でも著名なナイチンゲールが関わっている。

フローレンス・ナイチンゲールはイタリア生まれのイギリス人女性で、一八五四年に勃発したクリミア戦争における負傷兵への献身的な看護で、一躍世界にその名を知られるようになった。その後、彼女は近代看護学を確立し、聖トマス病院に看護婦の養成所をつくると、卒業生をプロの看護婦として世へ送り出したのだ。

日本では、慶応四年（一八六八）の戊辰戦争時に横浜の仮軍陣病院で、女性の看護職（介抱女）を十一名仮登用したのが、看護婦の最初といわれる（福永肇著『日本病院史』）。彼女たちは、外国人医師の指示のもと、おそらくはナイチンゲールよろしく活躍したのだろう。

明治十年（一八七七）の西南戦争では、野戦病院で多くの看護婦が職務に当たり、それを題材にした新聞小説がいくつも書かれている。『明治事物起源事典』によると、西南戦争時の看護婦は「縞木綿《しまもめん》の筒袖のハンテン、紺足袋に草履という姿」とあり、まだ「白衣の天使」ではなかったようだ。

というのも、当時はまだ日本に看護婦の養成機関がなく、明治十八年（一八八五）から二十年にかけて、ようやく有志共立東京病院看護婦教育所や京都看護婦学校、桜井女学校付属看護婦養成所が設立された。これらの看護婦養成機関は、いずれも外国人の指導者が関わり、ナイチンゲールの思想や看護術を教え、制服もイギリス式の洋服が使われるようになった。

明治二十三年（一八九〇）四月、日本赤十字社が看護婦の養成を開始し、卒業生には二十年間にわたり、従軍看護婦としての応召義務が課せられた。招集状が届けば、いかなる事情があろうと戦地に赴かねばならず、中には乳飲み子を置いて任務に就いた者もいたという。

日本赤十字社には、これ以外に篤志《とくし》看護婦の制度があり、新島襄の妻・八重は、明治二十七年（一八九四）から同二十八年の日清戦争、及び明治三十七年（一九〇四）から同三十八年の日露

西南戦争を扱った新聞小説の挿絵。看護婦が描かれている
（明治26年6月9日「やまと新聞」）

戦争において、篤志看護婦として働いている。

その後、八重のような功績の大きかった従軍看護婦は、叙勲の対象となったため、看護婦は女性の活躍できる新たな職業として、若い女性らの人気を博すようになった。

『服装大百科事典』によると、この頃の看護婦は、白寒冷紗《しろかんれいしゃ》の前面が高くなった袋型の看護帽、白キャラコ、貝ボタン、裾長でビクトリア朝モードの看護衣を着用したとあり、正に「白衣の天使」の装いだったのである。

明治四十四年（一九一一）四月十四日の『都新聞』の人生相談欄に次のような相談が寄せられている（『明治の人生相談』）。

「二十一歳になる娘のこと、相当の教育もし、女の一通りのことも覚えさせましたが、どうしたものか縁が遠いのです。しかるに一知人は、看護婦になると種々な人々に会うし、娶りの口もできると申されました。果たしてさようでございましょうか」

これに対する回答者の答えは、

「はなはだしい間違いです。看護婦はその名のごとく病人の看護に従事する大切な職務をなす人であって、決して縁を求むるためのものではありませぬ。将来一家の主婦として看護術を覚えさしておくというならよろしいが、結婚の口になどは方向を誤っております」

という常識的なものであったが、当時看護婦は、未婚の男性にとっても魅力ある職業女性だったようだ。

夜勤の看護婦（明治39年1月14日「読売新聞」）

98 コレラの流行〜不吉な「黄色いハンカチ」〜

幕末、異国船の来航が始まると、招かれぬ病原菌が海外から日本に持ち込まれる。コレラはその代表格だろう。日本で初めてコレラが発生したのは、文政五年（一八二二）のこととされる。その後、安政五年（一八五八）、文久二年（一八六二）にも発生し、前者では十万人が死亡したとの説もある。コレラはインドを原発地とする経口感染症で、感染すると激しい下痢、嘔吐を起こし、死亡率も極めて高い。ころりと死んでしまうので「コロリ」とも呼ばれた。漢字では「虎列刺」と表記された。

明治最初の発生は明治十年（一八七七）であった。コレラ流行中のアモイ（清国）から、米艦によってコレラ菌が横浜に運ばれたようである。幕藩時代は関所によって、コレラ菌の移動が防げていたが、明治新政府は関所を廃止したため、感染は各地に広がり、この年だけで死者は八千人に達した。

事態を重く見た政府は、避病院《ひびょういん》という伝染病専門病院を各地に設け、コレラ患者をここに隔離し、感染の拡大を防ごうとした。しかし、医療設備が整わず、実態はただ隔離するだけの施設に近かった。

明治十二年（一八七九）六月二十七日布達の「コレラ病予防假《かり》規則」第九条には次のように書かれてある。

「避病院は、軽症重症及び回復期の患者を分かち置き、黄色の布にコレラの三字を黒く記した旗を立て、その境界には制止榜（ふだ）を立て、厳に外人（外の者）の出入りを絶つべし」

当時は「コレラは祟《たた》り」という迷信から、祈祷で治そうとする者が少なからずおり、そうした場合、手遅れになってから避病院に送られてくることもあって、「避病院に入ったら生きて帰れない」「避病院は人の生胆《いきぎも》を取る」などという噂も持ち上がった。

高倉健主演の映画に『幸せの黄色いハンカチ』というのがあったが、避病院を示す黄色い布は、人々に「不吉な黄色いハンカチ」と受け止められたのではないか。明治十年十二月二十三日の『大阪日報』にこんな記事がある。

「千葉県下長狭郡で、蕎麦屋に止宿していた旅人が、先月十九日にコレラ病に罹ったようなので、同郡の医者を招き診察を受けさせたところ、紛れもないコレラとの診断であった。他人に伝染させてはいけないと、その医者は同所の区戸長と掛け合い、旅人を石子山堂という地に移し、そこで治療を加えることにした。

その話を聴きつけた地元の漁師が、きっと旅人を遠い石子山堂に連れ行き、胆玉を取るに違いない、憎い奴らだ、打ち殺せと、早鐘を鳴らして徒党を集めると、手に手に竹槍、棒、鋤《すき》を携えて、医者のところへ押し寄せた。

八方を取り巻かれ多勢に無勢の医者は、竹槍で数ヵ所の傷を負い、ついに事切れ、死骸は加茂川に投げ込まれた。この事は早くも県庁に聞こえ、加害者らはすぐに捕縛されたが、その医者は、仁術をもって人を助けようとしたのに、かえって殺されてしまったのは、誠に憐れというほかはない」

コレラは感染者だけでなく、治療する側にも犠牲者を生んでいたのである。

コレラとトラホームの流行を扱った漫画。コレラは漢字で「虎列刺」と書かれたため、トラホームとともにトラの姿で描かれている（明治32年6月24日「団団珍聞」）

99 ペスト〜懸賞金を稼ぐ鼠捕り男〜

コレラ以外にも文明開化とともに、様々な感染症が日本にやって来る。明治二十三年(一八九〇)、インフルエンザという病名が日本で初めて聞かれた。同年二月十四日の『東京日日新聞』の記事からその時の緊迫感が伝わってくる。

「昨年来、欧米諸国において猖獗《しょうけつ》を極めたインフルエンザ病は、過日神戸において発生したとの噂があったが、いよいよ横浜まで侵入して来て、同地の居留外人はすでに二十名も感染したという。日本人にも感染者が出ているようで、神奈川県は昨日、地方衛生会議を開き、予防法を協議したと聞くが、気味の悪い話である」

インフルエンザは流行性感冒《かんぼう》、電光感冒と訳され(感冒とは風邪のこと)、翌明治二十四年には東京でも大流行する。この年、「久松留守《ひさまつるす》」と書いた札があちこちの家の軒先に貼られた。それは、インフルエンザは「お染《そめ》感冒」とも呼ばれていたので、浄瑠璃《じょうるり》の「お染久松」になぞらえ、お染の恋人である久松がいなければ、お染は入って来ないだろう、という期待を込めた呪《まじな》いなのであった。

お染は大坂の油屋の娘、久松はその店の丁稚で、身分違いの恋ゆえに二人は心中してしまうのであるが、ではなぜ、インフルエンザは「お染感冒」と呼ばれたのだろうか。感染すると脂汗が出るから油屋の娘と結びついたとか、「伝染病」からの発想だとかいわれるが、定説はないようだ。

また、インフルエンザという英語が言いにくかったせいか、「印振圓左衛門（インフルエンザエモン）」と当て字をし、略して「圓左熱《えんざねつ》」と呼んだこともあったらしい。

インフルエンザの初流行から十年近くたった明治三十二年（一八九九）、同病よりはるかに恐ろしい伝染病が襲来する。古代からヨーロッパで繰り返し発生し、十四世紀の大流行の際には、世界の人口を一億人も減少させたといわれるペストだ。

むろん政府は様々な対策を講じた。明治三十四年（一九〇一）五月、裸足を禁止する警視庁令（裸足禁止令）が発布される。ペスト予防のため、屋内以外での裸足歩行を禁止するものだが、当時はまだ裸足で街中を往来する者が結構いたのだ（車力、人力車夫、馬丁などは特に注意を与えられている）。

また、ペスト菌はネズミが媒介することから、明治三十五年（一九〇二）には東京市が、ネズミ一匹を五銭で買い上げる施策を実施する。ところが、これを商売にしようと、廃品回収よろしく、家々を回ってネズミを引き取り、交番に持ち込んで換金する者が多数現れた。中にはネズミ捕り機を貸し出し、捕まったネズミを安く買い取って高く売るちゃっかり者もいて、「ネズミ成金」という言葉も生まれたらしい。

「ハーメルンの笛吹き男」も、ペスト予防のため、ネズミを捕ることを生業にしていたようだが、日本のネズミ捕り男たちも、動機はどうあれペスト予防に一役買ったことは間違いあるまい。明治三十五年（一九〇二）十二月から同三十八年九月末までにこの取組により捉えられたネズミの数は、三百八十五万匹に達し、懸賞金の総額は八万五千円にのぼったという。

交番に捕えたネズミを持ち込む老若男女（明治33年2月10日「風俗画報」）

100 脚気～治療法を巡って漢方医と西洋医がバトル～

脚気《かっけ》は、ビタミンB1の欠乏によって、下肢のむくみやしびれが起き、ひどい場合は心不全によって死にいたる病気である。日本では、古くから知られ、特に上層階級に多く、豊臣秀吉、徳川家定・家茂、和宮の死因は脚気であったともいわれている。

というのは、ビタミンB1は玄米には含まれるが、白米には乏しく、白米が食べられた高貴な身分の者に患者が多かったというわけである。地元藩では玄米を食していた田舎武士が、江戸勤番になると白米を主食としたことにより、発症することが増えたため、脚気は「江戸患い」とも呼ばれた。

ところが、脚気は欧米ではほとんど見られず、日本の風土病のように考えられていたので、明治に入ってからもその原因はつかめていなかった（御雇い外国人医師の中には、病原菌説をとる者もいた）。

森鴎外

軍隊ができると、陸軍の軍人を中心に脚気は大流行する。イギリスを範としていた海軍は、栄養原因説を採り、洋食に切り替え主食はパンとするが、パンは兵隊に人気がなかっ

大久保利通

たため、麦飯に変更した。結果的にはこれがよかった。麦飯はビタミンB1を含むからである。

一方の陸軍ははじめフランス、のちにドイツを範としたため、ドイツの脚気細菌説を採用し、体力強化のため白米食をさらに続行した（明治六年の徴兵令では、一日六合の白米を食べさせる、というのが誘い文句であった）。なお、白米食を奨励した陸軍軍医（総監）に森林太郎（森鴎外《おうがい》）がいる。

この食べ物の差が両軍の運命を変えた。海軍が徐々に脚気患者を減らしたのに対し、陸軍では増え続け、明治二十七年（一八九四）から同二十八年の日清戦争では四千人余りが脚気により死亡し、明治三十七年（一九〇四）から同三十八年の日露戦争では、脚気の患者数は二十一万人に達し、そのうち実に二万七千人が死亡したとされる。

ところで、明治維新の立役者の一人、大久保利通も国民病である脚気に対して危惧を抱いていた。明治十一年（一八七八）三月、当時内務卿だった大久保は、東京神保町に脚気病院を設立することを決定する。同年七月、同病院は無事開院の運びとなるが（残念ながら、その二ヵ月前の五月十四日、大久保は暴徒らの凶刃に倒れている）、それを伝える『東京日日新聞』に注目すべき箇所がある。

「脚気はヨーロッパには絶えてなく、我が国に限りたる一種の悪病であり、昔からその病因を探求するも得たるものを聞かず、故内務卿大久保公が在世のおりに痛くそれを憂い、特別に病院を設けて、この病の療法を論じ、救済の術を講ぜよとの思いから、設立されたものであり、漢洋医者の喧嘩場と目するのは誤りである」

「漢洋医者の喧嘩場」とあるのは、脚気病院では西洋医と漢方医とを競わせて、どちらがよく治療に利くかを確かめようとしたのだといわれている。当時明治天皇も脚気に罹っていたとようで、とにかく効果のある治療法を早急に得たかったのだろう。

文明開化以来、西洋医に押されっぱなしだった漢方医にとっては、巻き返しのチャンスであり、世間はこれを「脚気相撲」と呼んで面白がったらしい。

どちらに軍配が上がったのかは定かでないが、脚気病院はわずか四年で閉院となっている。一説によると、脚気に対して長い治療経験を持つ漢方医に一日の長があったが、どちらかといえば西洋医を勝たせたかった政府にはそれが面白くなかったからだ、とされる。

ともあれ、脚気の主たる原因がビタミンB1不足であることが確定するのは、大正十一年（一九二二）開催の臨時脚気調査会においてであった。

101 養育院～「帝都の恥隠し」と揶揄された～

日本には、奈良時代から困窮者を救う施設として、仏教思想に基づく悲田院《ひでんいん》があった。江戸時代においても、幕府がお救小屋や人足寄場を設置し、天災時の被災者収容や浮浪者・犯罪者の更生、生活管理などを行っていた。

明治政府も明治五年（一八七二）、同様の施設として二百五十人を収容できる東京養育院《ようういくいん》を創設する。もっとも、その背景にはある事情があった。というのは、この年ロシア皇太子（のちのアレクサンドル三世）が来日することになり、文明国家を標榜《ひょうぼう》する日本としては、首都に浮浪者が溢れる状態を放置するわけにはいかなかったのである（世間からは「帝都の恥隠し」と揶揄されたらしい）。

設置場所は当初、本郷の旧加賀藩邸跡であったが、その後上野、神田、本所などを転々とし、最終的には板橋に落ち着いている。養育院は貧民への資金提供も行っており、明治十年（一八七七）五月五日の『読売新聞』に次のような記事がある。

「上野の養育院は、開院から去年の十二月までに貧乏人に差し出した金その他の物は三千八百八十七円九十三銭七厘四毛（物は代価）で、貧乏人の人数百七十一人のうち女もだいぶあり、娼妓では小紫、吉里ほか五人と、芸妓では柳橋のお園などがいたが、俳優などは一人もなかった」

娼妓や芸妓が年季奉公などで金に苦労しているのは想像がつくが、「河原乞食」とも呼ばれた役者に該当者がいないのを不思議がっているのだろうか。

ともあれ、生活困窮者にとって、これほどありがたい施設はなかったに違いなく、収容された乞食の中には、いかにお上の御情けとはいいながら、こんなにお世話になっては罰が当たる、せめて夜だけは「お貰い」に出させておくれ、と言って係員を困らせたという笑い話も残されている。

ところで、養育院には設立当初から実業家の渋沢栄一が関わり、東京市営となった明治二十三年（一八九〇）から、昭和六年（一九三一）に九十歳で亡くなるまで、養育院長を務めた。

明治四十四年（一九一一）一月二十七日の『都新聞』の人生相談欄に、昔世話になった身寄りのない老人が、二、三日だけでも泊めてもらえないかと言うので、泊めたところ、中風を起こして寝たきりになってしまった。無下に追い出すわけにもいかずどうしたものか、という相談が寄せられている（『明治の人生相談』）。

それに対して回答者が、その老人が東京在住で扶養者がないのであれば、養育院にお入れなさるのが、双方にとって好都合でしょう、と答えているところからみても、養育院が信頼に足る施設だったことが分かる。

養育院は期待に応えて長く存続し、昭和六十一年（一九八六）に東京都老人医療センターに改名されるが、平成十一年（一九九九）に東京都養育院条例が廃止になるまで、実に百二十七年にわたって、その名を世に留めた。

養育院の風景（明治40年1月25日「風俗画報」）

「おもしろ文明開化百一話」関連年表

明治5年までの月日は（旧暦／新暦）で表記

安政5年（1858）	欧米5ヵ国との修好通商条約締結。横浜、長崎、神戸、大坂、東京などに外国人居留地を設けることが決まる
文久元年（1861）	長崎に日本初のボウリング場オープン（5月15日／6月22日）
文久2年（1862）	上野彦馬と下岡蓮杖、それぞれ長崎と横浜で写真館を開業 中川嘉兵衛、横浜で氷水屋を開業
文久3年（1863）	前田留吉、横浜で牛乳販売を始める
慶応3年（1867）	王政復古の大号令（12月9日／1868年1月3日） 中川嘉兵衛、東京高輪で牛肉店開業
明治1年（慶応4年）（1868）	神仏分離令布告（3月17日／4月9日） 150人余りがハワイへ移民（4月25日／5月17日） 江戸を東京とする詔書発布（7月17日／9月3日） 築地ホテル館完成（8月10日／9月25日） 築地居留地周辺の銭湯の混浴禁止（8月）。以降全国各地で混浴が禁止されるもなかなか改まらず築地居留地で中国人がラムネ屋を開業
明治2年（1869）	下岡蓮杖ら、東京~横浜間の乗合馬車開業（5月） 公卿・諸侯の称を廃し、華族とする布告（6月17日／7月25日） 旧武士階級を士族と呼ぶ布達（6月25日／8月2日） 太政官制敷かれる（7月8日／8月15日） 「開拓使」設置（7月8日／8月15日）

	東京～横浜間で電信の実用化始まる（12月） この頃、横浜でアメリカ人とドイツ人が共同でビール醸造所を設立
明治3年（1870）	皇族貴族に対するお歯黒禁止令（2月5日／3月5日） 横浜居留地で日本初の女子教育始まる（現フェリス女学院）（9月） 薩摩藩洋楽伝修生が横浜山手公園で演奏会開催（9月7日／10月1日） 薩摩軍楽隊が東京深川で明治天皇の前で「君が代」を演奏（9月8日／10月2日） 平民が苗字を持つことを許可（9月19日／10月13日） 東京招魂社で「招魂社競馬」開催（9月23日／10月17日） 和泉要助ら、人力車の製造・営業の許可を取得 徴兵規則を制定（11月13日／1871年1月3日） 『横浜毎日新聞』発刊（12月8日／1871年1月28日）
明治4年（1871）	参議・広沢真臣暗殺される（1月9日／2月27日） 原田きぬ、旦那である小林金平を殺害（夜嵐お絹事件）（1月） 旧藩士から邏卒3千人を募集 郵便事業開始（3月1日／4月20日） 戸籍法制定（4月4日／5月22日） 新貨条例発布。貨幣の単位が円となる（5月10日／6月27日） 廃藩置県（7月14日／8月29日） 散髪脱刀令（散髪制服略服脱刀勝手たるべし）布告（8月9日／9月23日）

明治4年（1871）	華族から平民まで通婚が認められる（8月23日／10月7日） 午砲（通称「ドン」）始まる（9月9日／10月22日） フランスからスリエ曲馬来日 東京の治安維持のため、邏卒3千人が組織（10月23日／12月5日）
明治5年（1872）	東京府が「ランプ取扱い布令」を発布（1月） 東京府が女子の断髪禁止の高札設置（4月5日／5月11日） 「町火消」を東京府に移管、「消防組」に改称（4月） 東京に師範学校（のちの東京師範学校）開校（7月29日／9月1日） 学制発布。全国に小学校を設置（8月2日／9月4日） 新橋〜横浜間鉄道開通（9月12日／10月14日） 横浜にガス灯設置（9月29日／10月31日） 芸娼妓解放令布告（10月2日／11月2日） 富岡製糸場操業開始（10月4日／11月4日） 東京養育院設立（10月15日／11月15日） 築地精養軒開業 『西洋料理指南』、『西洋料理通』出版 渋谷庄三郎、大阪で「シブタニビール」の操業開始 東京府が「違式詿違条例」制定（11月8日／12月8日） 国立銀行条例制定（11月15日／12月15日）

	太陽暦採用（12月3日／1873年1月1日）
明治6年（1873）	徴兵令発布（1月10日） 公園指定に関する太政官布告（1月15日） 仇討ち禁止令発布（2月7日） 婦人断髪禁止令布告（2月13日） キリシタン禁制の高札撤去（2月21日） 日本人と外国人の結婚を許可（3月14日） 堤磯右衛門が石鹸の製造に成功（3月） 民間の飛脚便が禁止される（6月27日） 第6回ウィーン万博に日本参加、ジャポニズム起こる（5月～10月） 東京府が風呂屋に湯の温度を華氏90度ぐらいに焚くよう指導（7月） 火葬禁止令布告（7月18日） 地租改正条例公布（7月28日） 第一国立銀行開業（8月1日） 東京府が兎の飼育に課税（12月3日）
明治7年（1874）	警視庁発足（1月15日） 三浦十郎、ドイツ人女性と結婚式を挙げる（1月27日） 海軍兵学寮で「競闘遊戯会」開催（3月21日） 医制発布（8月18日）

明治7年（1874）	『明六雑誌』創刊（3月）
明治8年（1875）	森有礼、広瀬阿常と契約結婚式を挙げる（2月6日） 苗字強制の布告（2月13日） 前田香雪の新聞小説『岩田八十八の話』の連載開始（3月） 清水誠が国産マッチの製造開始（4月） 東京気象台設立、気象観測を開始（6月1日）
明治9年（1876）	新島襄、山本八重とキリスト教式の結婚式を挙げる（1月3日） 廃刀令布告（3月28日） 高橋お伝、古物商の後藤吉蔵を殺害（高橋お伝事件）（8月27日） 下岡蓮杖、浅草でコーヒー店開業
明治10年（1877）	西南戦争（2月〜9月） 『団団珍聞』創刊（3月24日） 東京大学創立（4月12日） 西郷隆盛が西南戦争の戦費調達のため「西郷札」を発行（4月） 海軍兵学校が軽気球の飛行実験（5月23日） コレラ大流行 第1回内国勧業博覧会、東京上野公園で開催（8月〜11月）
明治11年（1878）	工部大学校でアーク灯試験点灯（3月25日） 東京神保町に東京府立の脚気病院設立（7月）

	体操伝習所設立（10月25日）
明治12年（1879）	福地源一郎の声が日本人として初めてフォノグラフで録音される（3月28日） 沖縄県設置（琉球処分）（4月4日） 梟首廃止
明治13年（1880）	集会条例公布、反政府的演説を弾圧（4月5日） 「葦原将軍」、千住の電信局へ乱入（6月6日） 日本初の生命保険会社「日東保生会社」発足（9月）
明治14年（1881）	ブリキ缶による牛乳の配達始まる 小学校の音楽教科書に「小学唱歌」登場（11月、15年4月とも）
明治15年（1882）	斬首刑廃止（1月1日） 上野動物園、帝国博物館の付属施設として開園（3月20日） 新橋〜日本橋間に鉄道馬車開通（6月25日） 東京銀座の大倉組商会前にアーク灯設置（11月1日）
明治16年（1883）	東京気象台が暴風警報第1号発令（5月26日） 鹿鳴館完成（7月7日）
明治17年（1884）	この頃、岩谷松平が国産紙巻き煙草「天狗煙草」を売り出す 東京気象台が1日3回の天気予報開始（6月1日） 華族令発布。華族は公爵、侯爵、伯爵、子爵、男爵の五爵に格付けられる（7月7日）

明治18年（1885）	「一銭蒸気」運航開始（4月） 「大日本婦人結髪改良束髪会」発足（6月） 日本初の海水浴場が神奈川県大磯にオープン 有志共立東京病院看護婦教育所開校（11月） 太政官制を廃止し、内閣制度を導入（12月22日）
明治19年（1886）	北海道庁設置（1月26日） イタリアのチャリネ曲馬団来日公演（9月1日） ピストル強盗・清水定吉逮捕される（12月3日）
明治20年（1887）	活人画が東京虎ノ門工科大学講堂で初上演（3月12日） 伊藤博文首相邸で大仮装舞踏会開催（4月20日） 花井お梅、雇人の峯吉を殺害（6月9日） 浅草に人造富士が完成、披露（11月6日） この頃、娘義太夫が人気を博す
明治21年（1888）	日本初の喫茶店「可否茶館」が上野にオープン（4月13日）
明治22年（1889）	裸体画が流行 大日本帝国憲法発布（2月11日）
明治23年（1890）	浅草に凌雲閣完成、開業（11月11日） 東京丸の内に電話交換局開業（12月16日） インフルエンザ（流行性感冒）が大流行

明治24年（1891）	川上音二郎のオッペケペー節が人気を博す
明治27年（1894）	村井兄弟商会が両切り紙巻き煙草「ヒーロー」を発売 日清戦争（8月～28年4月）
明治28年（1895）	京都で路面電車営業開始（2月1日） 第4回内国勧業博覧会（京都）で黒田清輝の裸婦画『朝妝』が物議を醸す（4月） 京都で「電車告知人制度」発足（9月）
明治32年（1899）	「恵比寿ビヤホール」オープン（8月4日） 勧工場「帝国博品館」がオープン（10月17日） ペスト流行
明治33年（1900）	東京市がペストの予防のため鼠の買い取りを開始（1月15日） 牛乳営業取締規則によりガラス瓶の使用を義務化（4月7日） 警視庁、「左側通行」決める（6月21日） 娼妓取締規則制定。娼妓の自由廃業が認められる（10月2日）
明治34年（1901）	『滑稽新聞』大阪で発刊（1月25日）

主な参考文献

明治文化研究会編『**明治文化全集別巻（明治事物起源）**』日本評論社、一九六九年

明治ニュース事典編纂委員会『**明治ニュース事典Ⅰ～Ⅵ**』毎日コミュニケーションズ、一九八三～一九八五年

中山泰昌編著・中山八郎監修『**新聞集成 明治編年史 全十五巻**』本邦書籍、一九八二年

宮武外骨『**宮武外骨著作集第一巻（明治奇聞、文明開化）**』河出書房新社、一九八六年

赤瀬川源平・吉野孝雄編『**宮武外骨・滑稽新聞**』筑摩書房、一九八五年

清水功監修『**漫画雑誌博物館1・2（団団珍聞）**』国書刊行会、一九八六年

至文堂編集部『**明治事物起源事典**』至文堂、一九六八年

湯本豪一『**図説 幕末明治流行事典**』柏書房、一九九八年

高橋晴子『**年表 近代日本の身装文化**』三元社、二〇〇七年

服装文化協会編『**増補版 服装大百科事典**』文化出版局、二〇〇一年

増田美子編『**日本衣服史**』吉川弘文堂、二〇一〇年

江原絢子編『**近代料理書集成第一巻（西洋料理指南）**』クレス出版、二〇一二年

富田仁『**舶来事物起源事典**』名著普及会、一九八七年

林丈二『**文明開化がやって来た チョビ助とめぐる明治新聞挿絵**』柏書房、二〇一六年
細馬宏通『**浅草十二階 塔の眺めと〈近代〉のまなざし**』青土社、二〇一一年
穂積和夫『**絵で見る 明治の東京**』草思社、二〇一〇年
代田収一編『**現代漫画大観 漫画明治大正史**』中央美術社、一九二八年
原三正『**「お歯黒」の研究**』人間の科学社、一九九四年
湯本豪一『**図説 明治事物起源事典**』柏書房、一九九六年
豊田武『**苗字の歴史**』吉川弘文堂、二〇一二年
飛鳥井雅道『**鹿鳴館 シリーズ〈日本近代史〉**』岩波書店、一九九二年
浅見雅男『**華族誕生 名誉と対面の明治**』講談社、二〇一五年
下川耿史編『**明治・大正家庭史年表**』河出書房新社、二〇〇〇年
安藤優一郎『**幕臣たちの明治維新**』講談社、二〇〇八年
東京日日新聞社・サン写真新聞社編『**写真記録 日本世相百年史**』日本図書センターP&S、二〇〇九年
開国百年記念文化事業会編『**明治文化史**』原書房、一九八〇年
紀田順一郎『**幕末明治風俗逸話事典**』東京堂出版、一九九三年
山田邦紀『**明治の人生相談**』幻冬社、二〇〇八年

百瀬響『**文明開化 失われた風俗**』吉川弘文堂、二〇〇八年
横瀬夜雨『**史料 維新の逸話**』人物往来社、一九六八年
下川耿史編『**近代明治・大正子ども史年表**』河出書房新社、二〇〇二年
下川耿史編『**性風俗史年表明治編**』河出書房新社、二〇〇八年
下川耿史『**混浴と日本史**』筑摩書房、二〇一三年
福永肇『**日本病院史**』ピラールプレス、二〇一四年
野々上慶一『**文明開化風俗づくし**』岩崎美術社、一九七八年
宮地正人・佐々木隆・木下直之『**ビジュワル・ワイド 明治時代館**』小学館、二〇〇五年
戸田欣堂ほか『**明治政治小説集**（一）』筑摩書房、一九六六年
山本三生編『**現代日本文学全集第一篇**』改造社、一九三一年
ヴァン・リード主宰『**もしほ草**』横浜新報、一八六八年
仮名垣魯文『**牛店雑談 安愚楽鍋**』誠至堂、一八七一年
文部省音楽取調掛編『**小学唱歌集 初編**』文部省、一八八一年
松浦武四郎『**北蝦夷余誌**』一八六〇年

著者プロフィール

鳥越一朗（とりごえ・いちろう）

作家。京都府京都市生まれ。

京都府立嵯峨野高等学校を経て京都大学農学部卒業。

主に京都や歴史を題材にした小説、エッセイ、紀行などを手掛ける。

「天下取りに絡んだ戦国の女～政略結婚クロニクル～」、「恋する幸村～真田信繁（幸村）と彼をめぐる女たち～」、「杉家の女たち～吉田松陰の母と３人の妹」、「ハンサムウーマン新島八重と明治の京都」、「電車告知人」、「京都大正ロマン館」、「麗しの愛宕山鉄道鋼索線」、「平安京のメリークリスマス」など著書多数。

おもしろ文明開化百一話
～教科書に載っていない明治風俗逸話集～

定　価	カバーに表示してあります
発行日	2018年1月1日
著　者	鳥越一朗
デザイン	岩崎宏
編集・制作補助	ユニプラン編集部 鈴木正貴　橋本豪
発行人	橋本良郎
発行所	株式会社ユニプラン 〒604-8127 京都府京都市中京区堺町通蛸薬師下ル 谷堺町ビル 1F TEL075-251-0125 FAX075-251-0128
振替口座	01030-3-23387
印刷所	株式会社谷印刷所

ISBN978-4-89704-445-3　C0021

鳥越一朗の本

茶々、初、江
戦国美人三姉妹の足跡を追う

定価 本体571円＋税　A6判　128ページ

戦国の世に生まれ、時代の荒波に翻弄されながら、美しくも健気に生きた浅井三姉妹。そのゆかりの地を、豊富な写真とエピソード満載の文章で辿ります。

平清盛を巡る一大叙事詩
「平家物語」の名場面をゆく

定価 本体700円＋税　A6判　144ページ

ようこそ無常の世界へ…清盛とその子、孫、姫たち、平家一門の人間ドラマを描く。

ハンサム・ウーマン
新島八重と明治の京都

定価 本体600円＋税　A6判　128ページ

京都に残る明治、大正のレトロな建物などを豊富な写真で紹介しながら、2013年大河ドラマの主人公でハンサム・ウーマンと呼ばれ、数奇な運命を歩んだ八重の足取りを、豊富なエピソードとともに、軽妙な文章で辿ります。また併せて、京都をはじめとした福島・東京・神奈川にある、八重ゆかりの建物・史跡を紹介しております。

絶対絶対めげない男
黒田官兵衛の行動原理

定価 本体700円＋税　A6判　128ページ

戦国の世、信長、秀吉、家康を向こうに回し、軍師としてしたたかに生き抜いた武将・黒田官兵衛の足跡を辿りながら、彼の行動原理をあぶり出します。世知辛い現代を打たれ強く生きるための極意が、そこに潜んでいることを期待しつつ……。

一千年の恋人たち

定価 本体952円＋税　18・6×13cm　288ページ

愛の軌跡を辿って見えてくる都の風景。どのように男と女は愛を生きてきたか。都大路に散りばめられた愛（恋）の軌跡。果たせぬ恋、偏った愛、響き合う愛…。愛（恋）の歴史を歩きたくなる都の道先案内。平安時代から幕末までの、誰もが耳にした恋人たちの物語を親しみやすい文章で認め、そのゆかりの地を地図で、その関連史跡・物件を写真、脚注で丹念に紹介しております。

平安京のメリークリスマス

定価 本体1238円＋税　17×11・4cm　264ページ

現代の高校生が謎解きに挑戦する、京都歴史ミステリー小説。

ザビエル来日より七百年もの昔、平安京の片隅で、秘めやかに祝われたクリスマスの一夜があった？

千年を超える歴史をもつ京都。その時空の威力か、著者の大胆な想像力が躍動する、ロマン溢れる物語。

麗しの愛宕山鉄道鋼索線

定価 本体1543円＋税　18･4×13･2cm　280ページ

昭和のはじめ、京都の名峰・愛宕山にケーブルカーが走っていたのを御存知ですか？

ケーブル跡の廃墟から70年前にタイムスリップしてしまった少年の、愛と冒険の物語。

京都一千年の恋めぐり

定価 本体1143円＋税　20･8×13･6cm　176ページ

「一千年の恋人たち」の著者が贈る京都歴史ロマン第2弾！歴史ファンの方はもとより、中高大生の方の日本史、古典の参考図書、京都検定受検を目指しておられる方にはきっと役立ちます。京都のテーマ探しや、より深く知っていただく上での、旅手帳としても最適です。

京都大正ロマン館

定価 本体1286円＋税　136×210㎜　160ページ

京都再発見の名手が贈る、少し昔の京都の光景。明治・大正・昭和という何故かロマンを駆り立てられる時代を、現在に残る81件の建築物と共に紹介。

軽妙なエッセイと叙情をかきたてる写真たちが、当時の風情を思わせます。

電車告知人
明治の京都を駆け抜けた少年たち

定価 本体1238円＋税　118×182㎜　256ページ

イラスト 中川 学
「危のおまっせー、電車が来まっせー」と叫びながら、チンチン電車を先導した告知人（先走り少年）たちの愛と友情の物語。

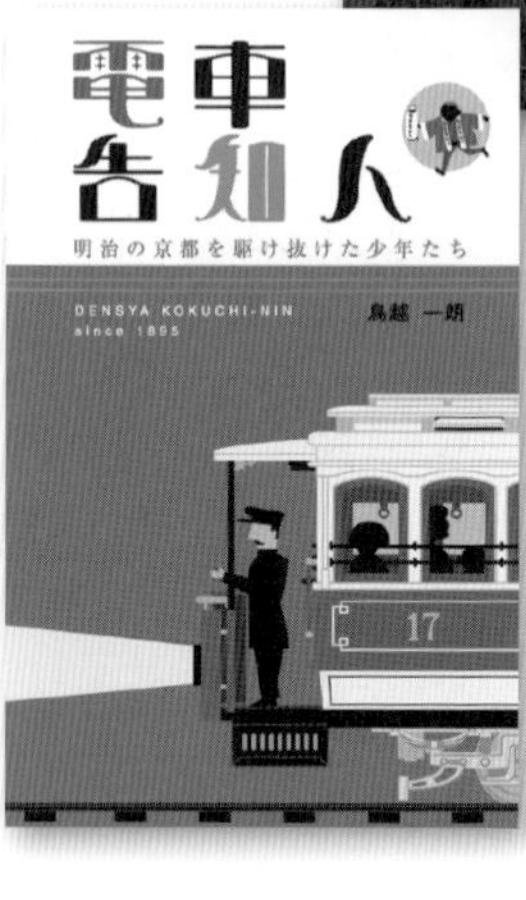

杉家の女たち
～吉田松陰の母と3人の妹～

定価 本体1300円＋税　四六判　224ページ

2015年大河ドラマ「花燃ゆ」のヒロイン・文をはじめ、吉田松陰の親族として幕末・明治の動乱期を生き抜いた4人の女たちの物語。

吉田松陰の母・瀧、妹の千代・寿・文が、逆風に晒されながらも、明るくしたたかに生きていく様を、ゆかりの地の写真を交え、ユーモラスな文体で生き生きと描写しています。

恋する幸村
真田信繁（幸村）と彼をめぐる女たち

定価 本体1300円＋税　四六判　256ページ

「日本一の兵」と今に伝わる真田幸村は、臆病で引っ込み思案だった!? 激動の時代の流れの中で、多くの女性との出会いと別れを繰り返しながら、戦国武将として成長していく物語。史実を踏まえつつ、想像力を駆使した展開によって、稀代の名将の人間的な実像が浮かび上がる。

天下取りに絡んだ
戦国の女
政略結婚クロニクル

定価 本体1500円＋税　A5判　280ページ

武田、北条、今川、上杉、織田、徳川、豊臣…
有力戦国大名七氏の女56人を一挙紹介
2017年の大河ドラマ「おんな城主直虎」で
話題沸騰の井伊直虎も歴史物語として収録。

地図本シリーズ
平安遷都以来の都・京都ー歴史が動く時、天皇の住まう都には英雄・豪傑たちが集い、重要な舞台となりました 本シリーズは、「現代」の京都の地図に「過去」の京都を重ね合わせた地図本です。今に伝わる旧所・名跡はもちろん、既に姿を消してしまった事件の現場・建物を掲載し、かつての京都の町並を想像していただけます。魅力あふれる京ごはん・甘味処・カフェなどと共に、地図本を片手に京都散策をお楽しみください!

京都戦国地図本
姫君たちの戦国年表付

本体　857円+税　B5判　96頁

戦国時代から江戸初期にかけての様々な史跡のほか、社寺や城などの敷地も多数掲載。「姫君たちの戦国年表」もお薦めです。

京都源平地図本
平清盛・平家年表付

本体　900円+税　B5判　96頁

平清盛ゆかりの史跡や、社寺、邸宅跡なども掲載。様々な角度から等身大の清盛や平家一門の動きを浮き上がらせています。

京都明治・大正地図本
新島襄・八重、山本覚馬物語&近代建築物年表 付

本体　943円+税　B5判　168頁

新島八重が生きた明治・大正時代の建築物や史跡などを多数掲載。様々な角度から、明治の京都に光を当てています。同志社様からの貴重な写真も必見!

信長・秀吉・家康の時代を生き抜いた
軍師官兵衛戦跡地図本

本体　1000円+税　B5判　88頁

岐阜、滋賀、京都、大阪・兵庫、鳥取・広島、香川・徳島、福岡、大分。各エリアの史跡を紹介。「慶長5年の官兵衛九州進軍図などの図と詳細な年表で、戦国時代を楽しめます。